貿易與投資
中國大陸、香港、台灣

馮國釗◎著

臺灣商務印書館 發行

序　言

　　貿易與投資是兩個經濟體系間最主要而又直接的經濟活動。香港作為一個自由開放的貿易區，多年來與中國大陸、台灣，以至世界各地都有密切的貿易關係。但自 70 年代末中國大陸改革開放後，其與香港間的貿易額突飛猛進，而兩地的相互投資亦迅速增長。到今天，中國大陸已成為香港最主要的貿易夥伴和投資對象。

　　從另一個角度看，中國大陸在過去 18 年的經濟表現，可說是傲視全球，而香港在其中發揮了一些積極作用。香港對中國大陸經濟發展的促進，主要在貿易、投資和金融三個領域，及其中所涉及的培訓、管理和技術。由於自由經濟下的經濟關係都是互利的，故此在上述過程中，香港的經濟亦得益不少。而香港經濟的重心在轉移至與大陸有關的經濟活動時，本身的經濟結構亦起了急劇的變化。因此，中國大陸與香港間貿易與投資的發展，不僅使兩者的關係更加密切，亦帶動了各自經濟的演變。

　　台灣因較早採用出口導向的發展策略，而得到不錯的經濟增長，也使其成為一個重要的貿易區。中國大陸改革開放後，台灣的一些貿易和投資活動逐漸轉向大陸，而香港在很大程度上起着橋樑的作用。中國大陸、香港、台灣三者間目前經濟關係的密切，大概是十多年前難以想像的。

然而，這三個經濟體之間的貿易和投資的實況究竟怎樣？這些年來有過怎樣的改變？前景如何？這些相互間的經濟活動又產生了怎樣的影響？

中國大陸、香港、台灣三地的經濟發展及經濟聯繫，或多或少改變了東亞地區甚至全球經濟力量的對比和貿易投資的分布，自然引起其他經濟體的關注和作出對策。因此，在討論三地間的經濟往來時，不能不提及這三地與其他經濟體的關係。美國對中國大陸採取怎樣的經濟政策，中國大陸的最惠國待遇能否延續，甚麼時候按甚麼條件加入世界貿易組織等等，都對香港有着相當大的影響。

本書詳細探討了中國大陸、香港和台灣三地之間的貿易和投資活動及其過去的演變，亦論及在此演變過程中三地經濟所起的變化。本書也從世界經濟的廣闊角度來看三地的經濟關係，並分析中國大陸與美國和世界貿易組織的關係。作者馮國釗博士的主要研究範圍為國際貿易與投資，就中國大陸、香港、台灣間的經濟問題發表過多篇論文，對本書的內容掌握透徹，其分析和論述，值得讀者參考。

香港經濟政策叢書主編

陸炎輝 謹識

鳴　謝

　　本書的問世得益於筆者同香港許多學術界同仁的討論（包括王于漸、宋恩榮、賀賢平、曾澍基和鄭國漢），同時也得益於香港政府的官員、香港私營部門從事研究的經濟學家和商人（特別是麥力強及陸恭蕙），以及台灣的中華經濟研究院（Kao Charng 和 Joseph Lee）和世界銀行的研究人員（特別是 Francis Ng）。筆者還要感謝諸多朋友對本書初稿所予以的有益的評論，他們是 Robert Baldwin、Dave Richardson、Donald Wittman、Dan Friedman、劉遵義、Anne Krueger、Ron McKinnon、Marcus Noland。編審人員的許多具體建議，也使本書獲益非淺。美國加州大學聖塔克魯斯分校（UC-Santa Cruz）的 Hitomi Iizaka、Changhua Rich、Zhong Lin、Linxin Fan 和香港大學的李淑芳，自始至終是這一項目最出色的研究助理。曹國琪把本書的英文版翻譯成中文，使本書的中文版得以問世。筆者還要對香港經濟研究中心、國民經濟研究局（National Bureau of Economic Research）和加州大學太平洋沿岸地區研究基金（University of California Pacific Rim Research Grant）予以的資助致以謝忱。

　　最後，筆者還要感謝太太 Nancy 和女兒 Krissie、Katie 耐心的支持，以及家母對筆者研究這個項目的鼓勵。

馮國釗 謹識於
加州大學和香港經濟研究中心

目錄

圖表

ix

xi

第 1 章

緒論

第 1 章

緒論

　　本書試圖對中國大陸（或稱大陸）、香港、台灣的貿易和投資關係，提供一個全面的概述。毋庸置疑，這是一個非常重要和迫切的論題，而且已有了許多令人感興趣的論述。因此，除了筆者自己的研究之外，本書還將引用香港、台灣和美國學者的一些研究材料和成果。

　　無論是決策者還是學者，對中國大陸、香港和台灣經常一起被稱為"中華經濟圈"越來越感到興趣。例如，1995年和 1996 年兩期的美國總統經濟報告以及官方年度的美國總統報告，都較深入的探討了美國與中國大陸、中華經濟圈的貿易關係。1996 年海峽兩岸局勢的緊張使兩岸問題在國際上引起了高度注意，同時，隨着香港 1997 年回歸中國，中國大陸與香港的關係也已引起世界的關注。值得一提的是，香港回歸中國之後仍將保留其獨立的關稅區，並將作為獨立成員活躍在諸如世界貿易組織（WTO）以及亞太經濟合作組織（APEC）等國際經濟組織之中。中國大陸與香港之間貿易和投資的開展將繼續成為令人感興趣的研究課題。

　　儘管沒有中國大陸準確的國內生產總值（GDP）數據，但按照拉蒂（Lardy，1994）的合理估算，大陸 1990 年國內生產總值（按購買力平價計算）約 12,500 億美元。台灣和香港在 1994 年分別是 2,428 億美元和 1,319 億美元。考慮到從 1991 年到 1994 年大陸的增長率，加總起來的中華經濟圈在 1994 年達到的國內生產總值大致為 23,000 億美元。中華經濟圈似乎可以成為繼美國和日本之後，世界上第三大經濟體。在外貿領域，中國大陸、香港、台灣三者的經濟在全球舞台上都是非常重要的參與者。表 1.1 是經濟合作與發展組織 (OECD，1993) 和世界貿易組織 (WTO，1996) 公布的他們在 1990 及 1995 年的貿易出口中的世界排名。

如我們在表 1.1 所見，1990 年，香港、台灣和中國大陸分別是世界上第 12、第 13 和第 16 的最大出口地區。如果我們把中華經濟圈當作一個整體，它的排名就會立即跳到世界第 5 位。至 1995 年，香港成為世界排名第 9 位的出口地區，中國大陸為第 11 位，台灣為第 14 位，中華經濟圈則跳至世界第 4 位。[①] 因此，中華經濟圈除了是一個大的經濟體之外，也是一個全球性的出口商。[②] 以上這些數據表明了對中華經濟圈的經濟、貿易和投資進行研究的重要性。毋容置疑，中國大陸、台灣和香港三地之間的貿易和投資往來對這三個地區的經濟具有十分重要的影響。更為重要的是，貿易和投資往來被認為是大陸和香港近 15 年以來經濟成就的一個十分重要的因素。香港從一個中等人均收入的地區發展到超過英國人均收入的地區，這一成就無疑同中國大陸的經濟開放有着不可分割的聯繫。

香港與大陸之間的經濟關係密不可分。香港是大陸最

表 1.1　1990 及 1995 年一些經濟體在世界上
的出口排名

國家	排名		比例	
	1995	1990	1995	1990
美國	1	2	11.6	11.3
德國	2	1	10.1	11.4
日本	3	3	8.8	8.3
中華經濟圈	4	5	8.7	6.0
法國	5	4	5.7	6.2
英國	6	6	4.8	5.3
香港	9	12	3.5	2.4
中國大陸	11	16	3.0	1.7
韓國	12	14	2.5	1.9
台灣	14	13	2.2	1.9

註：德國指的是德意志聯邦共和國，香港和中華經濟圈的數據包
括了轉口貿易。
資料來源：經濟合作與發展組織（OECD，1993）以及世貿組織
（WTO，1996）通訊。

大的外商投資者，中國大陸則是香港進口的最大供貨商。儘
管沒有準確和詳細的數據，但大陸似乎也是香港的最大投資
者。除了對貿易和投資問題本身的興趣之外，對香港和大陸
這兩個經濟體的貿易與投資結構和特徵的研究，還將有助於
了解貿易和投資對這兩個地區經濟活動所產生的影響程度。

　　本書將探討三個有關中國大陸與香港的問題：

（一）中國大陸與香港的貿易與投資連繫為何？

（二）這些連繫在過去是怎樣發展而成的？

（三）這些貿易和投資是在怎樣的體制框架下發展的？

以上的問題將在第 2 章、第 5 章和第 6 章中詳析。

台灣也是中華經濟圈三角貿易和投資關係中的重要成員。實際上，台灣是大陸的第二大外商投資者，香港則是台灣的第三大貿易夥伴。有關他們之間經濟合作的具體情況，將在第 3 章和第 7 章中詳細探討，內容將涉及台灣與大陸和香港的貿易和投資的特徵及其範圍。考慮到大陸和台灣政府對兩岸貿易和投資所施加的影響，我們還將在第 3 章和第 4 章中對有關體制、歷史和政策背景等問題進行探討。

在對中國大陸、香港、台灣之間休戚相關的經濟聯繫概括之後，我們將在第 4 章中提出如下問題：如果不把香港和台灣考慮在內，考察中國大陸與其他地區或國家的貿易是否有意義？在該章中，我們強調用現行的貿易統計方法來衡量中國大陸與美國、日本或其他國家的貿易是十分錯誤的。我們將以對中國大陸、香港、台灣之間經濟交流的了解，對現有的貿易數據進行調整，再檢驗調整後的結果。

如前所述，考慮到中國大陸、香港、台灣三地貿易和投資廣泛而深入的聯繫，我們有足夠的理由把中國大陸、香港、台灣看成是一個經濟實體。如果以此看法來做更嚴格的統計，這一立場是否站得住腳？在第 4 章中，我們採用國際貿易中流行的重力模型對此進行經濟計量的驗算。此外，我們想進一步了解：如果在經濟上我們把中華經濟圈當成一個整體，那麼決定中華經濟圈與其貿易夥伴進行貿易的因素是哪些？在第 4 章的最後一部分，我們對中華經濟圈與包括東亞、歐盟（EU）、拉丁美洲、北美自由貿易區（NAFTA）以及亞太經濟合作組織（APEC）在內的貿易夥伴從事貿易的決定因素進行了考察。

　　貿易和投資又如何影響中華經濟圈的經濟？在第 8 章中，我們探討了三個問題，這些問題對中華經濟圈三個成員都十分顯著和重要。第一，儘管近年來香港的經濟運行良好，但卻出現了通貨膨脹，香港的通貨膨脹是否因同大陸的經濟交往而引起？第二，台灣的一些人士認為，台灣與大陸的貿易以及對大陸的投資損害了台灣的經濟。台灣與大陸的經濟交往是否對台灣自身的工業發展有負面影響？換言之，台灣與大陸的經濟交往是否導致了台灣工業的外流？台灣製造業工人的就業是否受到不良影響？第三，大陸經濟的增長是否主要因為出口和外商在華投資所引起？中國大陸是否是亞洲國家中出口導向型經濟模式的又一個例子？我們將在第 8 章對這些問題進行探討。

中國大陸、香港和台灣三個地區的經濟正進入一個飛速發展的時期。當我們展望未來時，便想了解中國大陸、香港、台灣未來貿易和投資的活動將如何發展。中國大陸與美國的經濟關係將會如何？目前，兩國面對的問題還未得到解決。按美國政府的數據，美方對中國大陸的貿易赤字還在不斷擴大，華盛頓的許多評論家認為中國大陸將會替代日本，成為美國頭號"非平等"的貿易夥伴。美國對中國大陸的貿易赤字是否有美國官方數據顯示的那麼大？對華最惠國待遇（MFN）在克林頓第二屆總統任期內是否繼續保留？從中國大陸的觀點看，美國是中國大陸申請加入世界貿易組織（WTO）的最大障礙國。中國大陸是否會在不遠的將來加入世界貿易組織，使最惠國待遇不再成為問題？

本書主要對中華經濟圈貿易和投資的特徵、決定因素以及所產生的影響進行探討，並且對中華經濟圈與世界其他地區之間的經濟關係予以討論。內容安排如下：第 2 章簡介中國大陸的外貿體制，並探討其與香港的貿易關係。第 3 章探討台灣與大陸和香港的貿易關係。第 4 章考察中華經濟圈與美國、日本及其他貿易夥伴的貿易關係。第 5 章對中華經濟圈成員間的投資關係作整體考察。第 6、7 章分別分析大陸與香港、大陸與台灣及香港與台灣的投資關係。第 8 章闡述三個成員之間的經濟交往對各自的影響。

最後一章是本研究主要觀點的歸納，並進一步展望中華經
濟圈成員間未來貿易和投資關係的發展，對有關中國大陸與
美國的經濟關係以及中國大陸加入世界貿易組織等問題進行
評述。

註釋

① 由於中華經濟圈成員之間的內部貿易在計算上沒有剔除，因此，整個中華經濟圈作為世界第四大出口商的排名有所誇大。

② 由於中國大陸的重要性在不斷上升，因此，研究中國大陸各類問題的著作也在增多。Lau (1995)、Wong (1995)、Wong，Heady and Woo (1993) 的著作只不過是眾多著作中的一小部分。相反，除了 Sung (1991)、Lardy (1994)、Fung (1996a)、Fung and Iizaka (1995)、Fung and Lau (1996)、Fung (1996b) 的著作之外，研究中國大陸對外貿易和直接投資的著作相對較少。最近的有關研究台灣或香港貿易和貿易政策的著作，可以參考 Baldwin and Nelson (1993)、Feenstra (1995)、Lau (1993) 和 Noland (1990) 的著作。

中國大陸
與香港的貿易關係

2.1　中國大陸的外貿體制及相關特徵

2.2　中國大陸與香港的貿易

第 2 章

中國大陸與香港的貿易關係

2.1　中國大陸的外貿體制及相關特徵

中國大陸的外貿體制，對於包括中華經濟圈成員在內的貿易夥伴來說，是異常重要的，但人們卻往往對其了解不夠，因此，首先在此對中國大陸的外貿體制作一介紹。①

2.1.1　中國大陸外貿體制的演變

1978 年之前，大陸的外貿是通過"外貿部"由國家完全壟斷的，15 個產品專營的國營外貿公司幾乎完全按照國家的指令性計劃從事外貿，國際貿易只不過被看成是國內計劃的延伸。主要的一些經濟計劃採用蘇聯的資源平衡模式加以確立，並對一些國營企業的主要原材料和中間產品進行計劃調配。每一種產品的生產數量等同於其他行業所需的中間產品數量加上對消費、投資以及出口的最終需求的數量。國內生產與計劃需求之間的缺口通過進口來彌補。

"國家計劃委員會"首先會預定出一個大致的年度和長遠目標的進出口清單，隨後，"外貿部"在此基礎上制定更為詳細的計劃，並把此計劃下達給外貿公司。進口被當作彌補國內生產不足的一種辦法，而出口則被看成是為進口賺取所需外匯的一種途徑。

為了配合外貿計劃，國營的外貿公司以固定價格從國

13

內企業收購產品，並用於出口，所獲得的外匯轉入中國銀行（唯一從事外匯業務的機構）。進口則是由國內的外貿公司按計劃數量購買外國商品，以固定的價格在國內進行分配。它們從中國銀行獲得外匯，用於支付國外供貨商的貨款。世界市場上的價格對中國大陸國內貿易品的價格並沒有甚麼影響。早期世界銀行的研究（1985）將這種貿易體制稱為"僵化的體制"。由於人民幣被高估，外貿公司常常會出現出口虧損和進口盈利。

1979 年，一些省、直轄市政府和大的國營企業被授權成立自己的外貿企業，直接從事對外貿易。1982 年 3 月，中國大陸對外貿體制進行了進一步的改革，將"外貿部"、"進出口管理委員會"、"外國投資管理委員會"、"對外經濟關係部"合併為"對外經濟關係和貿易部"（外經貿部），並開始行使對 15 個國營外貿公司和地方外貿局進行監督的職能。最近，"外經貿部"又被更名為"外貿和經濟合作部"。因此，目前中國大陸的外貿政策是由"外貿和經濟合作部"制定的。

在 1984 年，國務院要求結束國營外貿公司的外貿壟斷權，並大幅度削減了外貿計劃。因此，一些國營的外貿公司被解散，除了中央政府各部委和其他一些受國家機構控制的新成立的外貿公司外，幾乎所有省、直轄市在許多領域都有了自己的外貿公司網絡從事各種外貿業務。外貿公司還可以盡可能地開發業務渠道，代理國內客戶的外貿業務，收取佣金。

　　隨着外貿權力的下放，外貿公司的數量由 1978 年的 15 個增加到 80 年代中期的 1,000 多個，在 80 年代後期，更達到 6,000 個左右。隨着大量新增外貿公司的產生，盲目經營的情況有所增加，有些新成立的外貿公司更無法履行合同（例如，收購不到已保證好的出口商品）。由於中國大陸在對外履約方面一直享有良好聲譽，對外毀約事件的增加不僅引起了外國商人對華的不滿，也引起了中央當局的高度重視。由此，導致了1988 年中期的緊縮政策，多達 2,000 家左右的外貿公司被解散、兼併或被取消從事外貿業務的權力，國務院再次重申對創辦新的外貿公司的過程要加以控制。直至 1991 年底，在中國大陸有權經營外貿業務的外貿公司數量下降到 4,000 個（其中包括 500 家附屬大國營企業的外貿公司）。

　　1987 年，中國大陸開始實行"外貿承包責任制"，在這一制度規定下，中國大陸的外貿公司和進出口商要承擔更多財務上的責任，以減輕中央政府對進口補貼的負擔。這一舉措實際上是一個過渡的辦法，以便最終實現各省市對外貿易的自主管理。

2.1.2　中國大陸外貿體制的特徵

一、進出口計劃

　　如前所述，隨着時間的推移，中國大陸外貿指令性計劃的範圍被大幅度削減。從 80 年代中期開始，由指令性計劃、指導性計劃以及市場機制等多種成分組合而成的新體制取代了中國大陸原來的外貿體制。1984 年的外貿體制改革，更把進出口的指令性計劃（尤其是在數量上）局限於一些特殊的國營外貿公司，而其他外貿公司則被允許按指導性計劃或自由地從事外貿活動。指導性計劃不同於指令性計劃的是：它一般強調貿易的質量而不是數量，並且允許外貿公司在決定各類商品的貿易量時，可以按市場的供需情況進行考慮。

　　1979 年以前，出口指令性計劃涉及到 3,000 種商品，而到 1988 年時，整個數量下降到 112 種。至 80 年代末期，出口商品中只有大約 34% 仍實行指令性和指導性計劃。

　　與外貿出口體制相比，中國大陸的進口體制在整個 80 年代變化相對不大。除了進口許可證制度和對國內受保護產品的進口徵收較高的關稅之外，幾乎所有的進口商還受制於政府一系列的行政管制措施和複雜的審批程序。然而，在外貿體制的改革過程中，進口指令性計劃的範圍在總體上還是有所減少。截至 1991 年，只有大約不到 40% 的進口仍受到各級政府指令性和指導性計劃的約束。

二、關稅

世界銀行 (1994 年) 曾計算出中國大陸外貿的加權平均關稅為 43%，而最終產品總體上所受到的保護要比中間產品為高。就中國大陸的關稅體制而言，地方海關在決定官方關稅的稅率時，實際上具有相當大的靈活性。產品實際所支付的稅額經常是海關與商人之間談判所達成的結果。因此，同一種產品在不同的海關關口被徵收的關稅稅率往往並不相同。

世界銀行 (1994) 還觀察到中國大陸的關稅體制與大多數發展中國家相反，大陸海關所獲得的稅賦相對較少。例如，在 1991 年，雖然外貿加權的關稅達 32%，但中央政府只獲得了進口商品到岸價 (C.I.F) 關稅中的 5.6%。事實上，中國大陸的關稅稅率從 1986 年的 9.7% 開始下降，儘管這一時期的名義關稅稅率在增加。關稅稅率低的原因，部分是因為官方推行進口關稅的減免制度，另一方面則是由於對因生產出口產品而進口的中間產品實行了退稅制度。問題還不僅於此，世界銀行估計還有一些其他進口品，尤其是一些優先發展項目所用的進口品，經常會臨時得到免稅。此外，還存在着嚴重的逃稅現象。

在中國大陸，一般來說，為生產出口產品而進口的商品可享有退稅，如果貨物是從保稅倉庫或保稅區進口的，甚至還可獲關稅全免。大多數的保稅區座落在經濟特區之內（例如，在深圳有兩個保稅區），經濟特區本身還可以有一定數量的進口消費品關稅減讓（Sung，1995）。

1992 年之後，中國大陸對外貿政策採取了重要的改革措施（世界銀行，1994）。首先，中國大陸改善了外貿體制的透明度。以往大量對外國人不予開放的外貿文件現在得以出版，這主要是對美國市場准入的 301 條款作出的反應，同時也因為中國大陸試圖加入世貿組織。而在開放進口方面，國務院"關稅委員會"則採取了一些措施，對關稅稅率進行了大幅度的削減：② 從 1992 年 1 月 1 日開始，削減了 225 種商品的關稅稅率；1992 年 4 月 1 日開始，取消了 1985 年制定的 14 種產品的進口調節稅。③ 另外，還廢除了進口替代的清單；53 種需要進口許可證的產品中，有 16 種被撤銷。

簡而言之，中國大陸在外貿體制開放和透明度的改善方面已有一段相當長的時間，對於力求從計劃經濟轉向主要以市場機制分配稀缺資源的中國大陸來說，仍要付出更多艱苦的努力，雖然有時會有些曲折，但從長期的發展趨勢來看，中國大陸的外貿體制無疑會變得更為開放。

2.2　中國大陸與香港的貿易

在論及中華經濟圈貿易 (和投資) 關係時，尤其是中國大陸與香港之間的關係時，與此相關的一個重要事實是：香港於 1997 年 7 月回歸中國大陸。從 1990 年 4 月 4 日第七屆全國人民代表大會第三次會議通過的《中華人民共和國香港特別行政區基本法》，我們可對今後有關機構和法律上的變化加以簡略概括。

就《基本法》中有關貿易的條款而言，它給予了香港特別行政區"高度的自治權"。它頒布的有關內容包括：

(1) 香港必須保持其自由港的地位 (第 114 條) 以及遵循自由貿易的政策 (第 115 條)；

(2) 香港必須保持其獨立的關稅區 (第 116 條)；

(3) 香港政府必須自己制定貨幣和金融政策，以保證其金融業務和金融市場的自由運作 (第 110 條)；

(4) 香港政府必須制定適當的政策來促進貿易的協調和發展，並重視對環境的保護 (第 119 條)；

(5) 在香港將不會有外匯管制，港幣將繼續成為自由兌換的貨幣 (第 112 條)；

(6) 有關香港與其他地區的貿易和經濟關係，按《基本法》的規定，香港特別行政區可以自行決定是否

19

維持、發展或終止與其他國家、地區以及諸如經
濟、貿易、貨幣和金融等有關國際組織的協議（第
151 條）。

由此可見，按照《基本法》，香港必須維持其自由港和
在國際貿易組織中獨立成員（例如，世界貿易組織）的地
位。

一直以來，香港對中國大陸和其他貿易夥伴都是實行
開放的政策。目前，在與中國大陸的關係上，香港商人雖然
並未正式取得在中國大陸的特殊待遇，但由於家族紐帶、語
言接近等因素，使香港商人得天獨厚，尤其能得到廣東地方
當局的支持。

中國大陸與香港的貿易主要有三個方面：轉口、出口
加工以及一些諸如逃稅和走私等非法貿易。[④] 我們將先探討
前兩種貿易情形，非法貿易將在第 4 章予以討論。非法貿
易並非僅僅存在於香港和中國大陸之間，同時也存在於中國
大陸與其他貿易夥伴之間。[⑤]

2.2.1 中國大陸與香港的轉口貿易

在 1995 年，中國大陸繼續成為香港最大的出口市場，
緊隨其後的是美國、日本、德國和英國。在這 5 個最大的
市場中，出口到日本的總量增長最快（實際增長為 22%）。

在香港出口到中國大陸和其他國家的總量中，包括了轉口和香港本地產品的出口。

　　1995 年從香港出口到中國大陸的數額達 636 億港元，比 1994 年增加了 4%（見表 2.1）。中國大陸 1993 年成為香港本地產品出口最大的市場之後，在 1994 年回落為香港的第二大市場，但在 1995 年，中國大陸又超過了美國，成為香港本地產品出口的主要市場，所佔的份額為 27%。

表 2.1　香港與中國大陸之間的本地產品出口、轉口和進口

年份	到中國大陸的香港本地產品出口	往中國大陸經香港的轉口	從中國大陸來經香港的轉口	香港從中國大陸的進口
1989	43,272	103,492	188,271	196,676
1990	47,470	110,908	240,410	236,134
1991	54,404	153,318	315,689	293,356
1992	61,959	212,105	403,782	354,348
1993	63,367	274,561	474,007	402,161
1994	61,009	322,835	545,831	470,876
1995	63,555	384,043	636,392	539,480

註：數字單位為百萬港元。
資料來源：香港政府普查統計司各年度的《香港年度統計摘要》。

　　在進口方面，中國大陸是香港最重要的進口源地，在
1995 年，佔香港進口總量中的 36%。不過，在專為香港本
地消費而進行的進口方面 (沒有在表 2.1 中顯示)，日本在
1995 年成為香港最大的供貨商，其後是美國、台灣和中國
大陸。

　　香港由於其戰略上的地位，在銀行、金融、保險、運
輸和其他服務等方面提供的現代化手段以及可靠和有力的法
律體系，使它能夠繼續成為中國大陸通往西方的主要門戶，
同時也使西方繼續把它看成通往中國大陸的主要通道。香港
在中國大陸貿易中扮演了極重要的中間商角色，其與大貿
易公司所起的作用並沒有甚麼不同。如前所述，1997 年
6 月 30 日之後，香港正式成為中國大陸的一部分，它仍將
保持其獨立的關稅區和在世貿組織中獨立會員的地位，因
此，香港和中國大陸的貿易將繼續成為今後一個十分重要的
研究領域。

　　香港與中國大陸的貿易大部分是轉口貿易。1995 年的
數據顯示，中國大陸出口中的 55.3% 及進口中的 37.6% 屬
於轉口。從表 2.1 中可以看出，1995 年從香港到中國大陸
的轉口超過其對中國大陸出口本地產品數量的 6 倍以上。

　　當進口到香港的貨品交付給香港的買主，使買主在法
律上對貨物擁有了所有權時，轉口就發生了。轉口需繳付關

稅，香港的買主會先對貨品加價，然後再轉口到其他地方。
買主在轉口貨品之前，可能會對貨物進行一點小加工，這些
加工包括分類、包裝、瓶罐分裝以及其他一些如縮水等小加
工。但是，這些加工不會改變物品的基本自然特性（在國際
貿易術語中，是指物質形態沒有改變），因此，這些物品沒
有香港本地原料的加入，也毋須香港政府批准它為本地產品
的品牌。相反，假如在加工過程中大量改變了進口貨品的特
徵，貨品便因而成了"香港製造"，這樣，這些貨品在香港
官方統計中便被劃入"本地出口"，而不再屬於轉口的範疇
了。⑥

（23）

　　轉口比直接出口成本要高得多，因為它增加了裝卸、
關稅以及保險等費用。對消費者來說，假如中間商在轉口之
前給貨品加價，價格似乎會更高一些。⑦

　　1995 年通過香港轉口的總量已有了顯著增長。1995 年
轉口到其他所有市場的貨品總值為 11,125 億港元，比 1994
年高出 17%。在香港，轉口雖然迅速增長，但本地產品的
出口則一直在下降。轉口從 1992 年佔香港總出口的 75%
上升到 1993 年的 79% 和 1995 年的 83%。中國大陸的數
據也明顯反映了香港轉口貿易的情況（見表 2.2）。

　　中國大陸是經香港的轉口貨物的最重要來源地。1995
年，中國大陸通過香港轉口的貨物達 6,364 億港元，佔整個

表 2.2　香港與中國大陸的轉口貿易

	1992	1993	1994	1995
1. 總的轉口	690.8	823.2	947.9	1,112.5
2. 經香港往中國大陸的轉口	212.1	274.6	322.8	384.0
3. 來自中國大陸經香港的轉口	403.8	474.0	545.8	636.4
4. 未包括與中國大陸往來的轉口	95.1	96.5	107.9	92.0

註：第 2、3、4 項的總量比第 1 項大，這是因為在第 2 和第 3 項
　　中，來自中國大陸經香港的轉口回到中國大陸時被計算了兩
　　次。數字單位為十億港元。
資料來源：香港政府普查與統計司的各年度對外貿易報告。

轉口中的 57%（見表 2.2）。來自中國大陸的轉口，大部分產
品是在大陸的香港公司定購的外加工產品。⑧ 這些產品主要
有服裝、通訊、錄音設備、鞋類以及紡織品（1995 年香港經
濟背景報告）。另一方面，中國大陸也是香港轉口的主要市
場，達到 3,840 億港元，佔 1995 年所有經香港出口總值中
的 35%（見表 2.3）。轉口到中國大陸的產品主要有通訊設備
和紡織品等。

　　在香港轉口到世界各地的產品中（1995 年達 11,125 億
港元），92% 的產品（即 10,235 億港元）要麼是來自大陸，

表 2.3　香港轉口的主要市場

	1992	1993	1994	1995	1995 年的增長率（%）
市場總量	690.8（100）	823.2（100）	947.9（100）	1,112.5（100）	17.4
中國大陸	212.1（31）	274.6（33）	322.8（34）	384.0（35）	19.0
美國	148.5（21）	180.3（22）	210.1（22）	231.0（21）	10.0
日本	37.5（5）	44.2（5）	54.7（6）	70.1（6）	28.2
德國	33.1（5）	40.8（5）	41.6（4）	45.8（4）	10.1
英國	20.6（3）	24.5（3）	27.3（3）	32.3（3）	18.3
台灣	26.2（4）	21.9（3）	22.4（2）	27.8（2）	24.1
世界其他地區	212.9（31）	236.9（29）	269.0（28）	321.6（29）	19.6

註：轉口的數字單位是十億港元，括號中為佔轉口總量的份額。
資料來源：普查和統計司各年度的《香港年度統計摘要》。

要麼是出口到大陸。中國大陸客觀上一直在利用香港與美國、歐盟、日本、台灣和其他國家等大多數的貿易夥伴開展貿易。

　　除了中國大陸之外，美國也是香港轉口的主要市場（在 1995 年達到 2,310 億港元，佔 1995 年轉口總量的 21%）。表 2.2 和表 2.3 對近年來轉口的來源地和市場分別予以了概括。有關轉口的來源地和目的地可以參見表 2.4。

香港與中國大陸進行轉口產生的一個重要問題，是中國大陸的貿易統計被複雜化了。[9] 貿易統計的項目一般被認為不宜公開，在專業研究文獻中通常也沒有甚麼論述，但中國大陸（並暗指中華經濟圈）被指控製造了大量的貿易順差，這一指控導致了持續的貿易關係緊張，因此，澄清貿易上的數據，有助於中國大陸與其貿易夥伴維持良好關係。[10]

根據目前中國大陸官方的統計，出口到香港的消費品以及經香港轉口到其他地區的商品被歸為一類，算作是對香

表 2.4　1995 年香港轉口的來源地和市場分布情況

目的地 ＼ 來源地	中國大陸	日本	台灣	美國	德國	總量
中國大陸	36.1	59.1	12.3	213.5	42.9	636.4
日本	93.0	2.6	3.5	6.4	1.1	130.5
台灣	77.1	—	1.7	0.7	0.2	83.3
美國	38.5	1.4	2.2	3.1	—	55.6
德國	10.1	—	1.0	—	—	14.9
總量	394.0	70.1	27.8	231.0	45.8	1,112.5

註：計算單位為十億港元。
資料來源：香港政府統計處《1995 年香港對外貿易回顧》。

港的出口。與此相似，美國經香港出口到中國大陸的商品，在美國的統計中，也往往不被算作是出口到中國大陸的商品。

　　如果我們對轉口不加以統計，有關中國大陸的貿易數據便顯然是不精確的，這是由於其他國家出口到香港隨後又從香港轉口到中國大陸的貨物被計算成香港的出口。這一做法的結果使得香港按大陸海關的統計，在 1987 年至 1992 年期間成為大陸進口的最大來源地。然而，當 1993 年大陸開始嚴格確定進口品的來源地時，香港則下降為大陸的第 4 大進口來源地，排名在日本、美國和台灣之後。[11]

　　使問題複雜化的另一個原因，是香港的貿易中間商對來自中國大陸的轉口商品進行了加價。這一附加值既可以是出口方所為，也可以被認為是香港中間商所為，因此，對於中國大陸的貿易資料，必須將轉口時發生的加成利潤計算在內，而轉口和轉口盈利的數目十分龐大，對香港與中國大陸貿易的數據有着很大的影響。[12]

　　經香港的轉口並非僅僅局限於低技術產品。根據美國半導體工業協會 (SIA) 的數據，1993 年經香港轉口的集成電路價值達 20 億美元；半導體的出口也通常是經過香港。日本有關資料 (EIAJ，1994) 顯示，日本大多數與中國大陸的半導體交易是通過香港進行的，其特徵大都是利用香港、台灣或中國大陸貿易公司等單個或多個中間商渠道，甚至計算機芯片的半成品也被運到外國公司在香港的子公司進行再加工。大多數日本在中國大陸的半導體公司的辦事處也都設在香港。日本與中國大陸諸如半導體等高技術的貿易為何要通過香港來做呢？日本的工業界認為，這是由於中國大陸的國營企業經常拖延支付他們的進口款項（或許是由於缺少外匯），因此，外國供貨商情願把此風險轉移給貿易商。同時，也因為交易會涉及到匯率波動、債券到期和通貨膨脹等風險。此外，中國大陸海關的運行在不同地區有所不同，香港公司對此較為熟悉，常常能通過協商盡可能地獲得最低關稅。

2.2.2　中國大陸與香港的外加工貿易

香港的公司與在大陸的加工企業經常簽訂對外加工合同，即對產品生產的整體或部分加工作出安排。原材料和半成品被出口到中國大陸，用於對這類產品進行加工。從事加工的中國大陸企業有地方性企業、合資企業以及外資等其他形式的企業（1994 年第一季度報告）。據報導，大約 80% 的香港製造業把產品轉移到了中國大陸，在廣東的珠江三角洲地區，大約有 25,000 家工廠和 300 至 400 萬的工人在為香港公司從事外加工。1993 年在香港從事製造業的勞動力總數是 50 萬人，而中國大陸為香港從事外加工的就業人口幾乎相當於香港的 6 至 8 倍。[13] 表 2.5、2.6、2.7 分別反映了有關香港在中國大陸加工的本地產品的出口、進口和轉口。

從表 2.5 中可以看到，在 1995 年香港本地出口到中國大陸的產品中，71.4% 是與外加工有關的。外加工比例最高的是鐘錶，比例高達 97.7%。在 1989 至 1995 年的 7 年間，整個出口比例比較穩定，基本上在 71.4% 至 79% 之間。

有關香港從中國大陸的進口，數量似乎有正在上升的趨勢，從 1989 年 58.1% 的較低水平上升到了 1994 年的 75.9%，在 1995 年，輕微下降到 74.4%。玩具和體育運動品的外加工比例為 1995 年的最高比例（93.9%），而鐘錶在進口中所佔比例也較高（90.4%）。

有關香港到中國大陸的轉口，表 2.7 顯示出，在 1995 年有 45.4% 用於外加工的轉口。在整個轉口中，外加工率較低的是機械和電器以及金屬製品（分別為 37.0% 和 34.9%），顯示出這一類大宗產品具有較少外加工特徵。大宗產品適合在香港以外的產地製造，然後經香港轉口到中國大陸，中間不用進一步予以加工。而來自中國大陸再經香港轉口到海外市場的產品（未在表中顯示），在 1991、1992、1993、1994 和 1995 年分別有 74%、78%、81%、82% 和

表 2.5　有關外加工貿易的香港本地產品出口：由香港往大陸

產品分類 \ 年份	89	90	91	92	93	94	95
紡織品	84.8	84.2	83.7	87.4	86.8	79.4	79.3
服裝	85.1	87.9	89.6	93.2	94.2	96.4	96.5
塑料製品	83.9	86.1	79.6	77.5	81.5	79.8	69.6
機械和電器	56.7	62.2	58.6	59.7	54.0	57.0	58.2
電子產品	94.6	94.4	92.5	92.7	94.7	90.6	89.4
鐘錶	98.5	97.3	98.1	98.5	98.6	98.7	97.7
玩具和體育運動品	96.4	96.9	96.1	91.9	97.2	93.8	93.6
金屬產品	64.2	71.1	73.5	69.0	65.1	54.4	60.1
所有有關產品	76.0	79.0	76.5	74.3	74.0	71.4	71.4

註：數據是指往中國大陸的香港本地產品出口佔整個香港本地產品出口的百分比。
資料來源：香港統計處、香港對外貿易局的有關資料。

表 2.6　有關外加工貿易的進口：由中國大陸進口到香港

產品分類	年份	89	90	91	92	93	94	95
紡織品		12.8	18.2	20.5	23.0	27.3	30.3	33.0
服裝		84.5	87.4	86.6	84.4	83.1	83.1	80.6
塑料製品		73.4	78.0	84.8	89.3	90.4	87.1	74.9
機械和電器		77.8	73.3	78.7	81.0	76.4	82.2	85.4
電子產品		85.2	88.7	89.7	92.7	91.5	94.7	93.7
鐘錶		94.6	94.9	96.4	94.3	95.8	96.4	90.4
玩具和體育運動品		94.1	94.8	92.1	96.9	91.6	94.2	93.9
金屬產品		30.2	32.5	29.6	43.6	52.3	51.2	60.8
所有產品		58.1	61.8	67.6	72.1	73.8	75.9	74.4

註：數據為佔整個香港從大陸進口的百分比。

資料來源：香港各年的對外貿易資料。

表 2.7 有關香港外加工的轉口：由香港轉口到大陸

產品分類 ＼ 年份	89	90	91	92	93	94	95
紡織品	71.5	75.9	77.1	81.9	81.0	78.3	73.4
服裝	87.3	86.5	84.1	76.0	80.2	69.0	75.1
塑料製品	58.0	68.7	58.3	64.5	63.0	58.5	58.5
機械和電器	24.9	31.2	26.7	27.3	26.1	29.7	37.0
電子產品	43.1	52.9	46.9	41.4	35.7	46.2	40.5
鐘錶	93.5	96.9	96.3	97.7	98.7	97.9	96.9
玩具和體育運動品	60.1	73.2	66.8	80.1	79.9	73.6	61.0
金屬產品	37.8	46.4	48.1	34.8	35.8	40.4	34.9
所有產品	43.6	50.3	48.2	46.2	42.1	43.3	45.4

註：數據為佔整個香港轉口到中國大陸的百分比。
資料來源：香港統計處對外貿易的各類資料。

82.2% 是經香港外加工後轉口的（1994 年香港對外貿易局第一季度經濟報告）。

　　香港在中國大陸的外加工產品主要包括大陸企業裝配的產品，以及在大陸的港資企業生產的產品。[14] 嚴格來說，這類外加工並非完全屬於外國直接投資行為，而是外國直接投資與香港在大陸訂貨兩種方式的結合，而且事實上，經常是由香港的投資者控制外加工的操作過程（雖然在法律上並不一定需要）。在合資企業中，香港的投資者更是重要的參與者。

　　通過粗略的比較，我們可以對比一下香港外加工貿易的情況與美國跨國公司企業內部貿易的情況。更準確地說，我們是把香港與中國大陸之間外加工的貿易情況同美國母公司與子公司之間的貿易情況進行比較。在比較中必須注意兩個問題：第一，如前所述，香港外加工貿易涉及的不僅僅是香港母公司與在中國大陸的子公司企業內部的貿易，有時，外加工還會包括一些中國大陸當地的企業；第二，在數據上，美國與香港不同，它對轉口沒有系統的統計。當然，我們也並不認為美國的轉口能在整個貿易中佔重要的比例。

　　從表 2.5、表 2.6 和表 2.8 中可以發現，香港與中國大陸之間的外加工在進出口中的總量要比美國母公司與子公司之間的貿易量多出許多。如果用企業內部貿易或外加工貿易

33

表 **2.8** **1989 年美國跨國公司企業內部進出口佔美國進出口總額的比例**

產品分類	出口（%）	進口（%）
紡織品和服裝	11.42	10.98
橡膠和塑料	23.88	6.23
機械	20.41	18.25
電子設備	22.16	15.45
初級加工的金屬品	7.26	2.93
所有產品	24.64	15.46

註：企業內部貿易僅僅是指美國的母公司與其海外子公司之間的貿易。

資料來源：美國商務部 1989 年基準選樣調查《美國海外直接投資》；美國普查局 1989 年的《美國統計概況》。

作為經濟整合的指標，那麼，我們有理由認為香港與中國大陸的經濟整合程度要明顯高於美國與世界上其他地區的經濟整合。觀察一下香港與中國大陸的經濟關係，這一結果並不令人驚奇。一種較合理的做法可以通過觀察一下美國與墨西哥的經濟關係來說明問題。近年來，美國利用了墨西哥廉價勞動力的優勢，在接近美國的墨西哥北部進行了大量的投資。這一情況與中港之間的經濟整合過程十分相似。在表

2.9 中，我們比較了香港與中國大陸之間外加工的規模與美國跨國企業在美國與墨西哥企業內部之間貿易的情況。

在 1930 年關稅法案第 402 節 (g) 的 (1) 中曾對關聯貿易有所定義，如修改後的法案所述，關聯貿易是指具有各種關係的各方之間的交易，包括"直接或間接地對任何機構擁有 6% 以上現有股票的所有權、控制權或持有投票權的任何人 ……"。關聯貿易包括：美國公司從它們在國外的子公司進口產品到美國，以及在美國的外國子公司從它們的母公司進口產品到美國。

表 2.9　美國從墨西哥的關聯進口 (1991 年)

產品種類	百分比 （%）
棉紗、纖維和製成品	58.49
服裝和服飾	47.15
塑料製品	59.33
機電和其他相關產品	85.04
玩具和運動品	85.28
電子產品和配件	89.53
金屬和金屬製品	42.87
所有產品	63.20

資料來源：1993 年美國普查局的《經濟與統計管理》。

即使美國與墨西哥之間的貿易關係與香港具有外加工特徵的進口不可直接相比，但筆者認為這樣的比較仍具價值。假如墨西哥企業進口到美國的產品相對於美國企業進口到美國產品的數量要小，那麼在某種程度上，表 2.9 與表 2.6 就可以加以比較。

比較當然要針對適當的產品。例如 1991 年美國和墨西哥之間紡織品的關聯進口比香港和中國大陸之間外加工的貿易量要大得多，然而，香港與中國大陸之間的服裝外加工貿易量卻非常大。另一方面，有關金屬和金屬品的貿易，美國與墨西哥的交易數量卻比中國大陸與香港之間的貿易要高許多。總體上，我們可以說 1991 年中港之間與外國直接投資相關的貿易量要比美墨之間來得多。基於這一點，我們或可斷言中港之間的經濟整合程度要比美墨之間的經濟整合來得大。

2.2.3 中國大陸與香港貿易的發展

經過上述討論，我們可以展望一下香港九七回歸中國大陸之後兩地之間的貿易。如果香港已成為中國大陸的一部分，那麼其貿易方式與其他各省會有甚麼不同？表 2.10 集中對某些省的省際貿易和對外貿易情況與香港進行比較。

從 1985 年到 1992 年，中國大陸進出口分別增長了

表 2.10 中國大陸各省之間的貿易和對外貿易

	1990		1991		1992	
	省際間的貿易	與外國的貿易	省際間的貿易	與外國的貿易	省際間的貿易	與外國的貿易
香港	84.4	158	77.9	162	84.3	169
台灣	2.8	85.9	3.3	76.0	3.4	62.5
廣東	20.1	52.7	19.0	65.9	18.4	67.4
山西	45.6	15.0	47.5	21.3	45.1	12.2
四川	39.9	12.0	42.8	14.7	41.3	19.2
上海	79.9	100.7	77.4	106.5	—	111.7
遼寧	44.8	65.5	48.1	70.8	45.2	—

註：每一地區均包括各省之間的貿易及與外國的貿易兩種數據。所有數據都是百分比。香港、台灣和廣東是佔國內生產總值的百分比，其他各省和地區是以商品零售為百分比。台灣的跨省貿易只是經香港與中國大陸的間接貿易。

資料來源：1994 年世界銀行《中國：內部市場的發展和規管》；香港布政部統計局等《1993 年經濟環境報告》。

37

17% 和 10%（世界銀行，1994）。儘管中國大陸國內各省之間的貿易在絕對量上有所上升，但與外貿的數量相比，其 4.8% 的增長率仍是較低的，同時也較低於 9% 的年總零售增長率。因此，雖然以國內生產總值衡量的對外貿易比例在上升，跨省份的貿易比例卻在下降（世界銀行，1994）。

由於在上述表格中，觀念上已把香港當作中國的一部分，香港的外貿是指除中國以外與其他所有國家的外貿，香港的省際間貿易是指與中國大陸任何省份進行的貿易。對台灣的定義也相類似。雖然，不可用這些比例直接加以比較，但我們從中可以看到，香港在省際間和對外貿易這兩方面，都有較高的貿易量，而且外貿交易量超過了省際間的貿易量。當然，香港的對外貿易和省際間貿易超過其他省份不足為奇。不過，我們也可看出，廣東、上海、遼寧和台灣的外貿數量也都超過了省際間的貿易量，而且包括香港在內的所有省份的省際間貿易量都超過了台灣。[15]

一般認為，跨省間貿易量較低的部分原因是地區間的貿易壁壘。中國大陸各省之間雖然沒有正式的關稅，但許多觀察家強調存在着跨省間的特別收費和過路稅。根據這些收費的特徵，它們更接近非關稅壁壘，而不是純粹的關稅。還有其他一些非關稅壁壘，例如，省及其下級政府強行制定的本地區採購範圍守則（世界銀行，1994）。

　　總之，轉口和外加工是中國大陸與香港之間貿易的主要形式。與大陸其他省份和台灣相比，香港以其在跨省貿易和對外貿易上的實際數據，證明了它至今仍是中國最開放的地區。人們期待着在九七之後，香港繼續發展其同大陸以及世界上其他地區的貿易關係。鑑於香港在地理上以及金融、保險和通訊、運輸等方面的優勢，它將繼續成為中國大陸的重要門戶。貿易的經濟基礎決定未來發展的正確方向，中國大陸與香港將繼續通過雙方的貿易為各自帶來更大的利益。

註釋

① 有些學者對以往中國大陸的外貿體制曾有過探討，例如，Sung (1991)、Lardy (1994) 和 Fung (1996) 等的著作。

② 根據由國務院 1985 年 3 月 7 日頒布又分別在 1987 年 9 月 12 日和 1992 年 3 月 18 日修改的《中華人民共和國進出口關稅條例》，關稅政策由海關總署 (隸屬於國務院) 執行。

③ 然而，這些措施實際上又使平均的關稅基本上回到了 1987 年以前的水平。參見世界銀行 (1993) 報告。

④ 轉運 (即貨物由出口方直接發往進口方的買主) 已成為中國大陸和香港之間貿易中越來越重要的部分。參見 3.2。

⑤ 對中港貿易進行系統研究始於 Sung (1991)，其他的著作包括 Sung (1995)、Lardy (1994)、Kao (1994，1995)、Fung (1996b)、Fung and Lau (1996)。

⑥ 在中港貿易問題上，Sung (1991)、Lardy (1994)、Fung (1996b)、Fung and Lau (1996) 對轉口的問題已有所概括。

⑦ 有關對轉口盈利的各種解釋的探討，參見 Fung and Lau (1996) 的論著。

⑧ 筆者將在本章後部分討論有關外加工的問題。

⑨ 正如 Lardy (1992) 指出的那樣，在大陸政府中，各個不同部門報告中的數據都各不相同。例如，"外經貿部"(對外經濟關係和貿易

部) 在對出口加工品的統計中，只計算加工品的加工費用，這一費用不到加工品價值的 10%。與此相反，中國大陸海關的統計包括這些出口加工品的全部價值。

⑩ 如果想了解大陸貿易統計詳細的研究情況，可參閱 Fung and Lau (1996) 的論著。

⑪ 然而，或許可以認為，1993 年對來源地分類方法的改變實際上使大陸外貿數據進一步複雜化了。中國大陸至今為止，無法完全認定出口品的最終目的地，它現在也不符合以出口發送地來分類的國際標準。中國大陸目前的外貿數據是以發送國和目的地國兩者結合 (無法得知各自的權數) 為依據。

⑫ 如果想進一步了解中美貿易的有關問題，可參閱 Fung and Lau (1996) 的論著。

⑬ 這種說法誇大了香港企業在大陸僱傭工人的人數。在廣東省的加工企業除了接受來自香港的定單之外，還接受其他地區的定單。因此，大陸從事外加工的工人只能有一部分人可被算作是為香港企業工作。

⑭ 我們在結束香港外加工這部分論述之後，在第 4 章會對在中國大陸的外資類型進行探討。

⑮ 台灣跨省貿易較低的一個主要原因是因為我們把台灣的跨省貿易定義為經香港的間接貿易。

41

台灣與中國大陸和香港的貿易關係

第 3 章

台灣與中國大陸和香港的貿易關係

3.1　台灣經香港與中國大陸的間接貿易

　　自從中國內戰之後，中國共產黨和國民黨之間在政治上的冷戰和歷史上的敵對，致使中國大陸與台灣之間的貿易處於禁止狀態。在 1978 年，中國大陸建議實行通郵、通航和通商。在開始時，台灣對此並沒有作出積極的回應，且重申其"三不通"政策：不接觸、不和談、不妥協。但在 1985 年，除了從大陸間接進口還受到控制外，台灣表示對到大陸的間接出口不再進行干預。隨後，更進一步放鬆了來自大陸的間接進口，而允許從大陸進口的商品種類也從 1987 年的 29 種增加到了 1994 年的 2,155 種。

　　儘管台灣禁止與大陸開展貿易，但中國大陸仍通過給予較低關稅和較鬆的進口管制等特殊政策鼓勵台灣與大陸進行貿易。不過，中國大陸為了加入世界貿易組織，正打算放棄給予台商的特殊優惠政策。

　　近幾年來，台灣對與大陸經濟往來的擔憂不斷上升，一個主要的憂慮是擔心台灣工廠大量遷移到大陸後，將會引起台灣製造業地位的下降。無疑，台灣與大陸的經濟往來對台灣具有十分重要的影響，但這並不等於會引起台灣工業化程度的下降。[①] 中、台之間貿易和投資的增加會有利於台灣降低勞動力成本、提高台灣工業的生產力和市場競爭力。

　　如前所述，台灣官方的基本政策是只准許間接貿易和投資，因此，中國大陸與台灣的貿易大多是經香港進行的間接貿易。轉口貿易可說是中國大陸與台灣貿易中一個重要的組成部分。

　　除了轉口，中台貿易的另一個特徵是通過諸如轉運的方式開展直接貿易。所謂轉運是指在第三地利用當地的裝卸服務把貨物轉卸到其他的船上。

　　中國大陸與台灣經香港轉口的貿易被稱為"三角貿易"。除了香港之外，充當大陸與台灣貿易第三者角色的還有日本、新加坡、關島等。

　　除了途經香港和其他第三地的貿易之外，還有發生在中國大陸沿海港口被稱為"小貿易"的直接貿易方式。這類貿易經常在台灣與大陸福建省的漁民之間展開。

　　事實上，中國大陸與台灣的貿易往往受到雙方政府政策的影響。中國大陸就時常受到緊縮政策的嚴重影響，例如，1982-1983 年和 1986 年期間，中國大陸與台灣間接貿易的大幅度下降，便可歸因於大陸的通貨緊縮政策。而台灣 1986 年的貿易增長，其主要因素之一便是台灣對與大陸間接貿易管制的放鬆。表 3.1 顯示了中國大陸與台灣貿易的商品構成。

　　在以往的年份中，雖然中國大陸與台灣之間貿易的

表 **3.1**　台灣間接出口到中國大陸的主要商品

（單位：**1,000** 美元）

序列	商品	1989		1990		1991	
1	纖維織品	289,833	(10.00 %)	385,723	(11.77 %)	496,493	(10.61 %)
2	紡織品	175,716	(6.07 %)	239,732	(7.31 %)	344,616	(7.36 %)
3	手工織品	118,298	(4.08 %)	174,580	(5.32 %)	239,913	(5.13 %)
4	聚苯乙烯	82,167	(2.84 %)	89,127	(2.72 %)	194,350	(4.15 %)
5	聚乙烯氯化物	89,187	(3.08 %)	127,185	(3.88 %)	171,677	(3.67 %)
6	紡紗線	39,371	(1.36 %)	84,074	(2.56 %)	169,907	(3.63 %)
7	皮質品	65,907	(2.26 %)	67,335	(2.05 %)	102,319	(2.19 %)
8	鞋類	60,576	(2.09 %)	71,044	(2.17 %)	94,892	(2.03 %)
9	交通工具類	29,871	(1.03 %)	8,563	(1.48%)	78,374	(1.67 %)

註：括號中的數據為佔台灣出口大陸整個數量的百分比。
資料來源：Kao (1993b) 著作中的表 3。

表 3.2 台灣從中國大陸間接進口的主要商品

（單位：1,000 美元）

序列	商品	1989	1990	1991
1	農作物	84,874（14.5 %）	92,198（12.1 %）	93,785（8.31 %）
2	香煙	319（0.00 %）	23,750（3.10 %）	61,981（5.49 %）
3	禽類	47,078（8.02 %）	20,997（2.74 %）	55,808（4.94 %）
4	紡織品	17,933（3.06 %）	10,001（1.30 %）	32,850（2.90 %）
5	針織品	8,970（1.53 %）	12,713（1.66 %）	22,793（2.02 %）
6	魚類	31,935（5.44 %）	51,974（6.79 %）	21,722（1.92 %）
7	棉紗	4,395（0.75 %）	11,872（1.55 %）	18,674（1.65 %）
8	食用堅果	3,669（0.62 %）	6,172（0.81 %）	18,312（1.62 %）
9	襯衫類	3,391（0.58 %）	6,709（0.88 %）	16,108（1.43 %）

註：括號中的數據為佔台灣從中國大陸總進口數量的百分比。
資料來源：與表 3.1 相同。

商品結構變化不大，但還是存在一些變動。例如，1989 年
大陸對台灣出口中，農作物是最重要的，而香煙的出口比例
幾乎為零。1991 年農作物的出口持續增加，而香煙則變成
第二大的出口。 台灣出口到大陸的產品中，市場佔有量穩
步上升的紡織品類，則在表 3.1 中顯示出成為 1989 至 1991
年中出口量最多的三種商品之一。

3.2 台灣與中國大陸的直接貿易

台灣原則上不能直接出口商品到中國大陸。經香港的
轉運是指出口方直接把貨物交給進口方的買主，雖然貨物是
經香港轉運或換船發往其他地方，但香港對其不具所有權，
貨物也毋須交付關稅 (關貿總協定，1994)。轉運通常採用直
接貿易的提單方式，台灣的海關允許出口商不寫明貨物的目
的地，並准許香港成為貨物中轉到其他地方的港口 (Sung，
1995；Kao，1994)。當貨船抵達香港時，船運公司可以選
擇大陸的港口為其目的地，香港政府對此免徵進出口關稅。
如果從禁止直接貿易的角度來看，轉運的合法性是值得懷疑
的。然而，由於台灣無法真正阻止這一類直接貿易，因此，
對此基本上是順其自然的。

轉運與轉口在概念上稍微有些差別，轉口是指航運途

經香港不用換船而抵達目的地（關貿總協定，1994）。台灣的出口商在產品離開台灣時可以強調，他們的產品是前往香港的，而在抵達香港時再申明是前往大陸的產品。客觀上，轉口同樣違反"禁止直接貿易"的原則，但實際上台灣對此似乎也放任自流。② 香港政府對轉口貿易的貨物沒有記錄，但對轉運則用重量單位予以登記。由於轉運的貨物不經過海關，因此，無法獲悉它的價值。表 3.3 記錄了台灣途經香港轉口和轉運到大陸的情況。③

表 3.4 則介紹了從中國大陸到台灣的轉口和轉運的情況。

從表 3.3 和表 3.4 中可以看到，轉運比轉口要增長得快得多。無論是從台灣到大陸，還是從大陸到台灣，上述情況基本上相同。事實上，在論述香港貿易時，這一特點似乎也大致相同：轉運在香港口岸的貿易中，也已成為越來越重要的部分。

除了轉運和轉口之外，走私是另一種直接貿易的方式。早在 80 年代，漁船便在台灣與大陸福建省之間從事物物交換的走私活動。1985 年，福建省把這種物物交換的貿易當成"小貿易"，並使之合法化。福建省並希望這類貿易能推廣到大陸沿海其他口岸，並由海關對其進行管理。然而，台灣商人只能用不到 100 噸的台灣貨船來裝運。從台灣政

表 **3.3**　經香港往大陸的台灣轉口和轉運

年份	轉口	轉運
1989	2,897	33,283
1990	3,278	43,757
1991	4,667	272,475
1992	6,288	409,477
1993	7,585	—
1994	8,517	—
1995	9,883	—

註：轉口的單位是百萬美元；轉運的單位是噸。
資料來源：香港海外貿易評論、香港船運統計、香港各年
　　　　　的年度外貿評論。

表 **3.4**　中國大陸經香港到台灣的轉口和轉運

年份	轉口	轉運
1989	587	6,662
1990	765	12,447
1991	1,126	87,610
1992	1,119	211,026
1993	1,104	—
1994	1,292	—
1995	1,574	—

註：轉口的計算單位是百萬美元；轉運的單位是噸。
資料來源：同表 3.3。

府的角度來看，"小貿易"是一種非法的走私。根據台灣中華經濟研究院的估計，80 年代從中國大陸走私到台灣的貨物佔香港轉口大陸貨物到台灣總量的三分之一。以 1989 年為例，這類非法貿易的總值達 1.95 億美元。

表 3.5 顯示了台灣經香港和其他地區（新加坡、日本、關島等）出口到中國大陸以及直接出口（包括轉運、轉口和"小貿易"等）到大陸的情況。

從以上的估計數可以清楚看出，台灣到大陸的整個出口比單獨的間接貿易這一項比例要高得多。例如，在 1991 年和 1992 年，直接貿易（出口和進口）對總計的平均比例分別為 31.7% 和 36.2%。在 1992 年，據估計，直接出口為間接出口（經香港和其他地區）的 52% 到 60% 之間，直接進口則為間接進口的 44% 至 76%（見表 3.6）。

3.3 台港兩地與中國大陸外國直接投資有關的貿易

3.3.1 主要投資形式

台灣和香港是中國大陸最大的兩個海外投資者，貿易量中很重要的部分涉及到外國直接投資和轉承包。在中國大

表 3.5　台灣到中國大陸的出口

年份	經香港的轉口	經其他地方的轉口	直接出口	總　計	
1988	2,242　（3.6 %）	960	116　（236）	3,318　（5.5 %）	（3,438）　（5.7 %）
1989	2,896　（4.4 %）	1,241	642　（793）	4,779　（7.2 %）	（4,930）　（7.4 %）
1990	3,278　（4.9 %）	1,405	1,361　（1,525）	6,044　（9.0 %）	（6,208）　（9.2 %）
1991	4,679　（6.1 %）	2,005	3,189　（3,399）	9,873　（13.0 %）	（10,083）　（13.3 %）
1992	6,288　（7.2 %）	2,695	5,392　（4,705）	14,375　（17.6 %）	（13,688）　（16.8 %）

註：數字單位是百萬美元，括號中的數字是佔台灣總出口的比例，直接出口一欄括號中的數字是
　　Sung 在 1994 年的估計數。

資料來源：Kao (1993)、Sung (1994) 及台灣財政部統計局。

表 3.6 台灣從中國大陸的進口

年份	經香港的轉口	經其他地區的轉口	直接進口		總　計	
1988	478（1.0 %）	205	—	（14）	683（1.4 %）	（697）（1.43 %）
1989	586（1.1 %）	251	93	（37）	930（1.8 %）	（874）（1.69 %）
1990	765（1.4 %）	328	320	（70）	1,413（2.6 %）	（1,163）（2.14 %）
1991	1,129（1.8 %）	484	595	（501）	2,208（3.5 %）	（2,114）（3.35 %）
1992	1,119（1.6 %）	479	698	（1,219）	2,296（3.2 %）	（2,817）（3.93 %）

註：數字為為百萬美元，括號中的數字是佔台灣總進口的比例，直接進口一欄括號中的數據是 Sung 在 1994 年的估計數。

資料來源：Kao（1993）、Sung（1994）及台灣財政部統計局各年的統計報告。

陸，外國直接投資指的是以下三類企業：中外合作、中外合資以及外國獨資企業。中外合作有時也被稱為中外合同制，這類企業比較靈活，只要雙方願意，可以採取任何形式合作。一般來説，外國合夥方出資金、設備和技術，中方出土地、廠房、勞動力和原材料。在法律上，中國大陸明確禁止合資企業進行轉承包，希望合資企業能夠帶來生產技術和管理技術。然而，實際情況是，轉承包在合資企業中相當普遍。

除了外國投資者在法律上對企業有一定控制權的外國直接投資之外，還有一些被稱為"其他形式的外國投資"，這些形式主要包括補償貿易和加工裝配貿易。"其他形式的外國投資"一般是由中國大陸一方提供機器、技術以及勞動力和原料。與外國直接投資不同的是，在法律上，中方具有對生產的控制權，但在運作上，外方具有實際的控制權。

更具體一點説，在加工和轉承包的情況下，外方與中國大陸的企業簽訂合同，為其進行生產加工，外方提供必要的原料、零部件以及設計的樣品，由外方把成品銷往海外。作為回報，中方企業獲得合同規定的加工費（一般不超過成品價值的 10%）。在補償貿易中，一般由外方為中方提供設備，以獲取產品作為回報。"其他形式的外國投資"所生產的產品必須出口海外，這些產品主要是輕工產品和勞動密集型的產品。

　　外國投資包括各類形式的外國直接投資（中外合作、中外合資和外商獨資等）、補償貿易和轉承包等。[④] 外國直接投資企業所生產的產品可以有限制性地在中國大陸銷售。就形式而言，至 1992 年初，台灣和香港傾向於轉承包的方式，美國和日本其他一些國家則着重於外國直接投資；就投資項目來說，目前台灣和香港對大陸的投資已十分廣泛，範圍可以從輕工業到其他大型基建項目。

　　轉承包在中國大陸外國投資的總量中所佔的份額相對較弱，因為它大都集中於輕工產品。從 1979 年至 1992 年，轉承包所利用的外資只佔整個外資的 2.6%。[⑤] 由於轉承包的產品都用於出口，因此，對出口的影響十分重要。表 3.7 對不同類型外國投資（外國直接投資和外國轉承包）的相關進出口進行了區分。

　　根據表 3.7，1995 年中國大陸進口中有 162.3 億美元是與轉承包有關的；與轉承包有關的出口則為 206.6 億美元。在與外國直接投資相關的進口中，大部分是加工和裝配（在 1995 年，44.58% 的外國投資相關進口是加工和裝配），以及由外國直接投資所引進的有關設備和原料（在 1995 年，51.47% 是與外國投資相關的進口）。

表 3.7　與中國大陸貿易相關的外國投資

進口	1992	1993	1994	1995
總量	24.36（100 %）	34.35（100 %）	39.77（100 %）	36.41（100 %）
1. 加工和裝配	12.64（51.89 %）	12.96（37.73 %）	15.12（38.02 %）	16.23（44.58 %）
2. 為加工和裝配而進口的設備	1.21（4.97 %）	1.33（3.87 %）	1.23（3.09 %）	1.21（3.32 %）
3. 外國直接投資的投資進口	8.02（32.92 %）	16.61（48.36 %）	20.28（50.99 %）	18.74（51.47 %）
4. 補償貿易	0.25（1.03 %）	0.33（0.96 %）	0.32（0.80 %）	0.23（0.63 %）
5. 為生產本地銷售產品的外國直接投資所進口的原料和零部件	2.24（9.20 %）	3.12（9.08 %）	2.82（7.09 %）	—

出口	1992	1993	1994	1995
總量	15.60（100 %）	16.27（100 %）	18.47（100 %）	23.69（100 %）
1. 加工和裝配	15.30（98.08 %）	15.96（98.09 %）	18.15（98.27 %）	20.66（87.21 %）
2. 補償貿易	0.30（1.92 %）	0.31（1.91 %）	0.32（1.73 %）	3.03（12.79 %）

註：數字單位是十億美元。加工和裝配指的是與外國企業的交易，即由外國企業委託中方加工所提供的所有原材料和零部件，加工的產品必須用於出口。外國直接投資包括三種類型的企業：中外合資、中外合作和外國獨資。括號中的數字是與外國投資有關的進出口比例。

資料來源：中華人民共和國海關總署各年的《中國海關統計》。

3.3.2　廣東和福建與外國投資相關的貿易活動

　　我們可以進一步集中探討一下中國大陸廣東和福建兩個省份由外國投資所引起的貿易活動，這兩個省份是台灣和香港的外國投資最為集中的省份。例如，根據中國大陸官方統計，在 1979 年至 1993 年期間，廣東佔中國大陸累積利用外資總量的三分之一，其中來自香港的外資佔廣東省利用外資數量的 80% 以上，而廣東則佔香港在中國大陸外國投資數量的 40%。

　　廣東省外資企業的進出口也增長迅猛，例如，1995 年在廣東的外資企業的出口總量增長了 29.8%，進口則增長了 8.2%（見表 3.8）。在廣東和福建省，外國獨資企業的貿易（進出口）佔整個與外國直接投資相關貿易的份額正在上升。1995 年，福建省在與外國直接投資相關的進口中的 63.5% 和出口中 63.2% 均來自外國獨資企業（見表 3.9）。1992 年初，鄧小平南巡之後，台灣和香港對大陸的直接投資大量湧入，1993 年和 1994 年以及 1995 年部分進出口的增長便反映了這一情況，而外國獨資企業進出口的增長更進一步反映了台灣和香港企業對在這些地區開設各類工廠的信心。

　　當我們用這些省的統計年鑑來檢驗上述情形時，得出的有關廣東和福建與貿易相關的外國投資的結果是相似

表 3.8 根據中國海關統計的廣東省外國直接投資企業的對外貿易

	1989	1992	1993	1994	1995
進　口					
總量	4.86	13.94	19.80	25.36	27.44
中外合作企業	1.14	3.32	5.88	7.40	6.80
中外合資企業	3.11	7.43	9.28	11.15	12.14
外國獨資企業	0.61	3.19	4.64	6.81	8.50
出　口	1989	1992	1993	1994	1995
總量	3.53	10.79	14.37	19.84	25.76
中外合作企業	0.71	2.40	3.35	4.60	5.67
中外合資企業	2.26	5.69	6.88	8.76	10.70
外國獨資企業	0.56	2.70	4.14	6.48	9.39

註：數字單位為十億美元。

資料來源：中華人民共和國海關總署各年的《中國海關統計》。

表 3.9 根據中國海關統計的福建省外國直接投資企業的對外貿易

進 口	1989	1992	1993	1994	1995
總量	0.76	2.51	3.57	4.35	4.69
中外合作企業	0.05	0.11	0.20	0.28	0.27
中外合資企業	0.59	1.31	1.63	1.55	1.43
外國獨資企業	0.12	1.09	1.75	2.52	2.98
出 口	**1989**	**1992**	**1993**	**1994**	**1995**
總量	0.49	1.93	2.48	2.87	5.98
中外合作企業	0.05	0.09	0.12	0.08	0.29
中外合資企業	0.36	0.93	0.98	1.04	1.91
外國獨資企業	0.09	0.91	1.38	1.75	3.78

註：數字單位是十億美元。

資料來源：大陸海關 1989 年、1992 年、1993 年、1994 年 12 月和 1994 年 12 月的統計。

的。⑥ 根據這些資料，1995 年廣東省出口中的 26.5% 是與
裝配或外國直接投資有關的，大部分出口由外國直接投資
的企業提供 (44.3%)（見表 3.10）。而在福建省，1991 年有
9.2%（這個數據是能夠得到的最近一年的數據）的出口是裝
配產品（見表 3.11）。

表 3.10　根據廣東統計年鑑的廣東省與外國投資相關的貿易

進口	1989	1990	1991	1992	1993	1994	1995
廣東省的進口	4.83	5.75	8.51	11.18	19.90	34.27	38.17
外國直接投資的企業	1.95	3.30	4.51	—	8.58	17.19	20.82
出口	**1989**	**1990**	**1991**	**1992**	**1993**	**1994**	**1995**
廣東省的出口	8.17	10.56	13.69	18.40	27.03	47.00	55.67
加工和裝配	0.58	0.58	0.80	—	6.35	13.21	14.76
補償貿易	0.06	0.08	0.10	—	0.10	0.08	0.09
外國直接投資企業	2.28	3.72	5.33	8.16	10.34	18.74	24.67

註：數字單位為十億美元。
資料來源：廣東省 1990 年、1992 年和 1995 年的統計年鑑。

表 3.11　根據福建統計年鑑的福建省與外國投資相關的貿易

進口	1988	1989	1990	1991
福建省的進口	1.43	1.59	1.90	2.61
加工和裝配	0.15	0.16	0.16	0.25
外資企業進口的設備和原料	0.23	0.17	0.24	0.28
補償貿易	0.005	0.01	0.004	0.005
外國直接投資為生產進口的原料	0.01	0.08	0.01	0.02
出口	1988	1989	1990	1991
福建省的出口	1.42	1.83	2.45	3.15
加工和裝配	0.12	0.18	0.21	0.29
補償貿易	0.01	0.01	0.01	0.005

註：數字單位為十億美元。
資料來源：1991 年和 1992 年福建省的統計年鑑。

3.3.3　中國大陸外資企業產品的銷售

　　另一個令人感興趣的問題是，在中國大陸的外國企業其最終產品的去向。如果外國企業從事加工和裝配，那麼產品是用於出口的。然而，如果外資企業是三資企業，那麼產品既可以在本地銷售，也可以用於出口。1994 年，中華經濟研究院針對這一問題在大陸進行了大規模的調查，表 3.12 是有關外資企業出口市場的調查結果。

　　表 3.12 的數據顯示，在大陸的各國外資企業生產的產品大多數是在大陸銷售的。美國有接近 70% 的產品在大陸銷售，高居榜首。日本最低，大約為 30%。只有大約 16% 在大陸的美資企業的產品返銷回美國。在大陸的港資企業，其產品出口市場的分布分散在美國、香港和台灣之間，其中，在美國的比例最高。在大陸的台資企業，其產品除了在大陸市場銷售最多之外，香港是其第二大市場。但是，台資企業卻只有 0.9% 的產品返銷台灣，這似乎難以令人置

表 **3.12**　**中國大陸外資企業生產的產品的市場分布情況**

企業＼市場	中國大陸	台灣	香港	歐洲	日本	美國	其他
香港	35.4	12.0	13.2	7.0	7.5	14.1	10.8
美國	69.5	0.0	2.8	3.6	1.9	15.6	6.6
台灣	59.6	0.9	22.3	4.1	2.2	4.8	6.1
日本	29.8	0.04	7.4	22.1	19.3	18.6	2.8
新加坡	55.2	1.0	9.7	9.0	4.2	8.0	12.9

註：數字為產品值的百分比。
資料來源：中華經濟研究院，1994 年。

信，或許同樣因為出口到台灣的產品先是經過香港之故。
總之，這一表格資料說明了在大陸的外資企業生產的產品大
多在大陸銷售，這一事實表明了大陸市場的重要性正在不斷
上升。

　　這裏有一個基本而重要的現象：在中華經濟圈成員之
間，貿易和外國投資活動是緊密相關的。前面幾章的內
容，顯示出中港貿易中大多屬於外加工型。在 1995 年，香
港從大陸進口的產品中，有 74.4% 是由外加工引起的，而
香港出口到大陸的產品中，則達到了 71.4%。與外國直接投
資和轉承包有關的貿易也在上升。根據中國大陸海關的數
據，在 1995 年，有 27.6% 的進口是與外資相關的進口，
而有 13.6% 的出口與轉承包有關。進口方的主要產品是加
工和裝配品，以及外國直接投資企業作為投資進口的設備和
原材料。外資企業出口到美國的產品達 469 億美元，佔整
個中國大陸出口的 31.5%。1995 年外資企業的出口（包括加
工出口和外資企業的出口）佔大陸總出口的 45.1%。廣東省
合資企業的進出口量約佔外國直接投資貿易的將近一半。鄧
小平南巡之後，外資企業的貿易似乎增長迅速。福建省在與
外國直接投資相關的貿易中，有一半以上的進出口產品是
由外資企業生產的；廣東省外資企業的貿易活動也迅速增
加。根據 1992 年的調查，我們發現 53% 的外資企業產品

是在中國大陸市場中銷售，銷往海外的最重要地區則是香港（16%），而且其中有一些產品是由香港轉口的。大陸的港資企業在大陸市場的產品銷售率為 35.4%，台資企業為 59.6%，而美資企業在大陸的銷售率則達 69.5%。

　　香港對從事大陸的外加工貿易和投資十分歡迎，但台灣卻有點畏首畏尾。當然，部分是出自政治上的因素，部分是出自於經濟上的考慮。台灣的一些人士認為，台灣企業大量遷往大陸會引起台灣產業的"空洞化"，因為台灣工業的外遷會使台灣製造業的能力下降。另一些人士則認為，台灣與大陸的經濟交往會加強台灣的工業發展。當然，爭論總會有兩種不同的看法，我們將在第 8 章對這個問題進行探討。

3.4　台灣與香港的貿易

　　自 80 年代以來，台港貿易急劇上升，截至 1992 年，兩地的貿易總額達到 170 億美元。香港已是繼美國和日本之後，台灣的第三大貿易夥伴。然而，如前所述，其中大部分涉及香港來往於大陸的轉口。如果在台港貿易的問題上撇開大陸因素，那麼也應將台灣與大陸的轉口貿易從台港貿易中剔除。如表 3.13 所示，剔除轉口到大陸的出口後，台灣對香港的出口一直在穩步增長，但香港到台灣的出口卻有增有減。

表 **3.13** 台灣和香港之間的貿易往來

年份	台灣對香港		香港對台灣	
1984	2,087	（ 1,662 ）	370	（ 243 ）
1985	2,540	（ 1,553 ）	320	（ 204 ）
1986	2,921	（ 2,110 ）	379	（ 235 ）
1987	4,123	（ 2,897 ）	754	（ 465 ）
1988	5,587	（ 3,345 ）	1,922	（ 1,444 ）
1989	7,042	（ 4,146 ）	2,205	（ 1,619 ）
1990	8,556	（ 5,278 ）	1,446	（ 681 ）
1991	12,431	（ 7,752 ）	1,947	（ 818 ）
1992	15,416	（ 9,128 ）	1,781	（ 662 ）
1993	18,467	（ 10,882 ）	1,728	（ 624 ）
1994	21,262	（ 12,745 ）	1,533	（ 241 ）
1995	26,106	（ 16,173 ）	1,843	（ 254 ）

註：數字單位為百萬美元，括號中的數字是與中國大陸轉口的淨值。
資料來源：台灣財政部統計局各年的資料。

註釋

① 我們將在第 8 章探討台灣對大陸的出口以及在大陸的直接投資對台灣製造業的影響。

② 筆者把"不直接貿易"原則解釋為通過第三者的貿易（不僅僅是貨船在第三地停留）。

③ 對於宋恩榮所提供的有關轉運的材料筆者表示感謝。

④ 事實上按目前中國大陸的法律，有五種外國直接投資的方式：中外合資、中外合作、外國獨資、聯合開發和責任有限公司。在本章中，外貿主要集中探討前三種類型的情況。有關對中國大陸外貿體制的詳細探討，可參見第 2 章。

⑤ 有關轉承包形式的投資並沒有明確的數據，參見 Sung（1995）。

⑥ 有關進口的數據，在廣東統計年鑑中沒有把加工和裝配單獨分開列出。統計年鑑中的數據與中國海關的報告經常不符。有關對中國大陸貿易數據的研究，請參閱 Fung（1996）、Fung and Lau（1996）的論著。

67

中華經濟圈
貿易的相關問題

第 4 章

中華經濟圈貿易的相關問題

4.1　非法貿易

　　正如 Sung（1991）、Lardy（1994）、Fung（1996）、Fung and Lau（1996）及 West（1995）等論著所述的那樣，除了因台灣政府的政策限制而產生的半合法和非法的中台貿易之外，在大陸和中華經濟圈的貿易中，還存在着一些帶有逃稅和走私等非法性質的貿易。

　　長期以來，走私活動一直在增加。大陸有關當局在 1992 年抓獲的走私物品總值比 1991 年增加了 1 倍，1993 年又比 1992 年增加了將近 80%（West，1995）。

　　從地理上的角度來看，作為非法貿易的大陸邊境走私活動，是國內而不是國際現象。以往走私局限於大陸南部沿海地區，最近幾年已發展到山東、遼寧等所有沿海地區。1993 年的前 11 個月中，深圳市披露的走私案件數據上升了 70%，不知這到底反映了對走私活動打擊的成功，還是說明了走私案件的增加？

　　走私物品主要集中於政府禁止的進口產品，也包括一些較高關稅的產品。從經濟的角度看，非法貿易是因政府在經濟上低效率的干預所引起的。一般走私的產品包括彩色電視機、汽車、香煙、摩托車和冷氣機等。汽車和香煙通常是列於第一和第二大類的走私品，僅在 1993

年的第一季度中，查獲的走私香煙就有 36,000 箱（West，1995）。

紡織品和服裝的貿易受到一些國家（例如美國和歐盟）以及紡織品協定（MFA）的限制。雖然從中國大陸非法走私的紡織品和服裝在數量上不多，但從經濟效率的角度上看則説明了一個問題：對這些產品貿易的限制是不應該的。很明顯，走私説明了市場試圖繞過低效率的貿易壁壘。①

通過雙邊貿易統計數據的比較，人們可以認識到這些走私的數目是多麼龐大。例如，在 1991年 1 月至 4 月之間，韓國出口了 26,688 輛汽車到中國大陸，但同期中國大陸有關從韓國進口的汽車記錄卻只有 166 輛。②人們可以想到那些"失蹤"的汽車已逃過海關，走私到了大陸。另外據報導，香港有些豪華房車被盜之後也走私到了大陸。

1994 年第一季度中，有 35% 的走私案件使用偽造的海關證明、印戳、海關官員的簽名。另外，還有假的證明產品來源地的申報單。據報導，在泰國只要用 100 美元就可以得到一張這樣的證明。

另外，還有一些例子可以説明中國大陸貿易中的走私情況。據 West（1995）的資料顯示，大陸長期以來一直禁止進口美國的水果，但美國的水果在大陸城市的市場中卻隨處可見。美國的記錄顯示，出口到大陸的水果數量幾乎可以忽略不計。不過，1992 年出口到香港的水果卻在增長，達到 1.315 億美元。一個合理的解釋是香港商人把從美國進口的水果轉口到了大陸。

走私物品並不僅僅局限於低技術產品。根據美國半導體工業協會 (SIA) 的資料顯示，進口到中國大陸的半導體三分之一是通過走私進口的。1993 年年底，查獲的一連串走私案件中，便包括電腦、打印機、電子備忘錄等物品 (Howell，Nuechterlein and Hester，1995)。

還有一些繞過中國大陸貿易限制的準合法方式。其中一種方式是化整為零，物品以小包裝越過邊境，然後再把它們組裝起來 (Laroque，1994)。③ 另一種變通的方式是，利用促進諸如新疆等少數民族地區"邊境貿易"的名義獲得免稅的進口許可證，商人從原持有者手中購得許可證後，利用它進行與大陸的貿易活動。據報導，電腦走私的一條路線便是中國大陸同越南接壤的邊界，走私者從關稅較低和檢查較鬆的越南邊境洪界 (Hongai) 和中國邊境的孟崴 (Monkai) 來往出入，進行電腦的走私活動 (Howell，Nuechterlein and Hester，1995)。

另一方面，由於大陸經濟特區對邊界控制較鬆，可以使進口品以較低的稅率進入大陸，經濟特區便成了灰色通道。經濟特區在進口產品方面享有優惠政策和低關稅稅率，

73

不過，當物品從特區運出時，必須由最終的進口方補足關稅。過往，經濟特區對邊界的控制較鬆，使許多進口品以免稅或減稅的待遇被轉運出了經濟特區，而其後經濟特區優惠的貿易政策擴散到特區之外，更使得通過半合法手段逃稅的機會大大增加。

總的來說，要獲得諸如走私或逃稅之類的準確數據是很困難的。從已得到的數據來看，大陸的這類貿易似乎正在增加。當然，我們也應該注意到中國大陸有關當局對此類事件也已更加重視。

非法貿易是貿易中存在的一個普遍問題，尤其是對發展中國家而言，情況更甚（Bhagwati，1974）。例如，據報導，香煙走私到印度尼西亞的情況十分普遍；而走私到美國的毒品也已成為美國一個非常嚴重的問題。

儘管如此，該類問題仍必須引起中國大陸的重視。隨着中國大陸對外經濟自由化的進一步發展，關稅外逃的行為也將逐漸減少。有些走私活動是因中國大陸的貿易夥伴對中國大陸實行貿易壁壘引起的，這些壁壘包括對大陸紡織品和服裝等產品實行關稅和配額政策。④ 1997 年 6 月 30 日之後，由於政府部門的調整，中港之間的走私或許會更趨猖獗，但相信經過一段時間之後，香港特區政府與大陸有關部門會有更緊密的合作，走私和逃稅的領域將會越來越小。⑤

4.2　中國大陸與美國的貿易⑥

中國大陸、香港、台灣之間貿易關係的穩定和發展很大程度上取決於中國大陸與美國經濟關係的狀況。例如，根據香港政府 1994 年的估計，如果中國大陸失去美國予以的最惠國待遇，那麼從大陸經香港轉口到美國的產品將減少 33% 至 46%，而香港將損失 24 至 34 億美元的收入，並會因此減少 54,000 至 75,000 個就業機會。

美國與中華經濟圈三個經濟體貿易關係的重要性將在本部分進行探討。而我們首先要認識到的是，中美貿易關係複雜化的一個主要因素是經香港的轉口。

在 1993 年，經香港轉口的亞太地區產品中，大約有四分之一（即 227 億美元）是運往美國的產品；其中，超過 95% 的是大陸產品。而美國在 1993 年有價值 44 億美元的產品通過香港轉口到亞洲，其主要市場是大陸（佔 71%），其次是台灣（佔 6.1%）、新加坡（佔 4.9%）、韓國（佔 3.6%）和菲律賓（佔 3.4%）（香港貿易發展局，1994）。

轉口的問題會因不確切的數據而引起貿易摩擦。例如，根據 1992 年中國大陸的統計，出口到美國的產品達 86 億美元，而從美國進口的產品則達 89 億美元。這意味着雙邊貿易中，美國有 3 億美元的微小順差。但按美國的統計

75

顯示，從中國大陸進口到美國的產品達 257 億美元，出口到大陸的產品為 74 億美元，其結果是美國出現了 183 億美元的逆差。從經濟的角度來看，一般來說雙邊貿易之差不足為奇，但在政治上，貿易不平衡卻會引起貿易摩擦。中美各自貿易數據的差異加劇了雙方貿易關係的緊張，這不僅會影響到中國大陸本身，同時也會影響到台灣和香港。

以美國的觀點來看，中國大陸即意味着機會，但也帶來許多憂慮。中國大陸可以成為美國貿易商一個龐大和不斷擴大的市場，但同時美國也擔心大陸市場的貿易壁壘以及中國大陸在其他方面對美國的出口潛力，這些擔心曾釀成數次貿易紛爭。各方對貿易關係的看法均會影響雙方的整體經濟關係。

如前所述，中國大陸至今仍把出口到香港市場的消費品以及經香港出口到美國的物品皆當作對香港的出口；而在進口方面，大陸海關雖然竭力區分進口方的來源地，但結果仍不理想。另一方面，美國海關則會對包括轉口在內的進口品來源地予以確認；但在出口方面，美國海關卻無法追蹤掌握經香港轉口的貨品目的地（例如，中國大陸），因為轉口會變換貨物在法律上的所有權，而美國出口商本身也經常不清楚貨物的最終目的地。

因此，要了解中美貿易關係的準確情況，我們必須要將美國出口到中國大陸的貨品數據作為直接出口。在這些直接出口的數據之上，我們要加上間接出口的數據，即把美國產品經香港轉往中國大陸的轉口數據包括進去。表 4.1 對轉口的重要因素予以了考慮，揭示了美國實際出口到中國大陸的數據。

　　正如我們所看到的那樣，美國產品轉口到中國大陸的數量龐大。以表 4.1 中 7 年期間的平均數計算，轉口佔美國直接出口到中國大陸產品的 34%。

表 4.1　對轉口進行調整之後美國對中國大陸的出口

年度	美國政府的估計數	經香港往中國大陸的轉口	調整後的總出口
1989	5.8	1.1 （ 1.3 ）	6.9 　（ 7.1 ）
1990	4.8	1.1 （ 1.3 ）	5.9 　（ 6.1 ）
1991	6.3	1.5 （ 1.7 ）	7.8 　（ 8.0 ）
1992	7.4	2.1 （ 2.4 ）	9.5 　（ 9.7 ）
1993	8.8	2.8 （ 3.2 ）	11.6 （ 12.0 ）
1994	9.3	3.2 （ 3.7 ）	12.5 （ 13.0 ）
1995	11.7	4.4 （ 5.0 ）	16.1 （ 16.6 ）

註：數字單位為十億美元，括號中的數據未對轉口加成利潤進行調整。

資料來源：香港政府統計處的《香港對外貿易》；美國商務部各年的《美國對外貿易概要》。

　　另一個重要的問題是有關轉口產品的差價。香港的中間商會對經過香港的轉口貨物進行加價。香港貿易發展局在 1988 年對香港的貿易商進行了一次大規模的調查，調查的一項結果顯示，香港對大陸產品進行轉口所獲得的加成利潤估計約為 16%，其他國家的貨物則為 14%。1990 年香港政府統計處做的另一項調查表明，所有產品轉口的加成利潤為 13.4%，但大陸貨品的加成水平要高得多。統計處對第二次調查中大陸貨物加成利潤的準確數據未予公布。大陸產品的高額加成反映了大陸產品質量控制水平的低下，以及生產者對海外市場信息的不了解，因此，需要香港中間商對大陸產品進行較多的再包裝，並且還要為大陸產品做更多的市場調查。

　　香港商人和政府官員最近估計大陸產品轉口的加成利潤大致有 25%。在本研究中，我們把非大陸產品轉口的加成利潤定為 14%，大陸產品則定為 25%。在表 4.1 中，括號中是未對加成利潤進行調整的總的轉口和出口數據。[7]

　　作為進口方，美國海關十分重視轉口的現象，但要了解進口品的來源國有很多困難（Krueger，1995），這個問題並不僅僅是對中國大陸而言。我們假定美國對大陸進口品的官方估計數據是正確的，或至少比其他來源的數據更為正確，但我們必須對大陸產品經香港轉口時的加成利潤加以考慮。使用調整過的數據之後，中國大陸與美國的貿易平衡如表 4.2 所示。

　　如表中我們所看到的那樣，經調整後的貿易赤字同那些公布的數字大不相同。如果我們使用的是對轉口和轉口加成利潤調整後的貿易赤字數據來計算貿易赤字比例調整（例如，在 1995 年，比例調整是〔338 億 － 240 億〕÷ 338 億），那麼，1995 年、1994 年、1993 年、1992 年、

表 4.2　調整後中國大陸與美國的貿易差額　　(79)

年度	美國政府估計的貿易差額	調整後的貿易差額
1989	-6.2	-3.4 （-4.9）
1990	-10.4	-7.2 （-9.1）
1991	-12.7	-8.5 （-11.0）
1992	-18.3	-12.6 （-15.9）
1993	-22.8	-15.5 （-19.5）
1994	-29.5	-21.1 （-25.8）
1995	-33.8	-24.0 （-28.9）

註：數字單位為十億美元，括號中是對轉口的加成利潤未做調整的數據。
資料來源：香港政府統計處的《香港對外貿易》；美國商務部各年的《美國對外貿易概要》。

1991 年、1990 年及 1989 年的貿易赤字比例調整分別為
29.0%、28.5%、32.0%、31.1%、33.0%、31.3% 和 45.3%，
7 年的平均數則為 32.9%。換言之，美國政府的統計數字，
將美國和中國大陸之間的貿易赤字，平均誇大了近三分之
一。

表 4.3 為根據大陸官方數據估計的大陸與美國進出
口情況。

如前所述，直至 1993 年，大陸海關還無法區分進入香
港市場的出口和經香港轉口到其他國家的出口。然而，在美
國的壓力之下，大陸海關從 1993 年開始對兩者進行區分，
儘管對結果的準確性下結論還為時尚早，但我們可以從大陸
的估計數中看到所發生的巨大變化：1992 年按大陸海關的
記錄，顯示出與美國的貿易有 3 億美元的逆差，但在 1993
年卻有了 63 億美元的順差。表 4.4 及表 4.5 是按大陸的估
計數，顯示出對經香港轉口及其加成利潤進行調整的重要
性。

表 4.6 展示了中國大陸與美國在貿易平衡上六種不同
的估計數：(1) 按美國政府的估計數，顯示出美方存在着赤
字；(2) 按中國大陸政府的估計數，在 1993 年大陸對轉口
未加考慮之前，表明美國是貿易的順差方；(3) 中國大陸政
府對轉口進行調整後的估計數 (括號中的數字)；(4) 中國大

註：數字單位為十億美元。

表 4.3　中國大陸統計的大陸與美國進出口情況

年度	來自美國的進口	往美國的出口	差額
1979	1.8	0.6	-1.2
1980	3.7	1.0	-2.7
1981	4.4	1.5	-2.9
1982	3.7	1.6	-2.1
1983	2.7	1.8	-1.0
1984	3.8	2.3	-1.5
1985	4.4	2.7	-1.7
1986	4.7	2.6	-2.1
1987	4.8	3.0	-1.8
1988	6.6	3.4	-3.3
1989	7.9	4.4	-3.5
1990	6.6	5.2	-1.4
1991	8.0	6.2	-1.8
1992	8.9	8.6	-0.3
1993	10.7	17.0	6.3
1994	13.9	21.5	7.6
1995	16.1	24.7	8.6

註：數字單位為十億美元。
資料來源：中華人民共和國海關總署各年度的《中國海關統計》。

表 **4.4** 對轉口進行調整後中國大陸到美國的出口

年度	中國大陸政府的估計數	經香港的轉口	調整後的總出口數
1989	4.4	6.8 （8.5）	11.2 （12.9）
1990	5.2	8.4 （10.5）	13.6 （15.7）
1991	6.2	10.7 （13.4）	16.9 （19.6）
1992	8.6	14.5 （18.1）	23.1 （26.7）
1993	17.0	17.4 （21.8）	34.4 （38.8）
1994	21.5	20.2 （25.3）	41.7 （46.8）
1995	24.7	22.1 （27.6）	46.8 （52.3）

註：數字單位為十億美元，括號中的數據對轉口的加成利潤未作調整。

資料來源：中國大陸各年的統計年鑑；中華人民共和國海關總署的《中國海關統計》；香港政府布政司署各年的經濟環境報告。

表 **4.5** 對轉口進行調整後中國大陸從美國的進口

年度	中國大陸政府的估計數	經香港的轉口	調整後的總進口數
1989	7.9	1.1 （1.3）	9.0 （9.2）
1990	6.6	1.1 （1.3）	7.7 （7.9）
1991	8.0	1.5 （1.7）	9.5 （9.7）
1992	8.9	2.1 （2.4）	11.0 （11.3）
1993	10.7	2.8 （3.2）	13.5 （13.9）
1994	14.0	3.2 （3.7）	17.2 （17.7）
1995	16.1	4.4 （5.0）	20.5 （21.1）

註：數字單位為十億美元，括號中的數據對轉口的加成利潤未予調整。

資料來源：中國大陸各年的統計年鑑；中華人民共和國海關總署的《中國海關統計》；香港政府布政司署各年的經濟環境報告。

表 **4.6**　調整後美國對中國大陸的貿易赤字

年度	調整後的中國政府估計數	調整後的美國政府估計數	中國政府的估計數	美國政府的估計數
1989	-2.2　（-3.7）	-3.4　（-4.9）	3.5	-6.2
1990	-5.9　（-7.8）	-7.2　（-9.1）	1.4	-10.4
1991	-7.4　（-9.9）	-8.5　（-11.0）	1.8	-12.7
1992	-12.1　（-15.4）	-12.6　（-15.9）	0.3	-18.3
1993	-20.9　（-24.9）	-15.5　（-19.5）	-6.3	-22.8
1994	-24.4　（-29.1）	-21.1　（-25.8）	-7.5	-29.5
1995	-26.3　（-31.2）	-24.0　（-28.9）	-8.6	-33.8

註：數字單位為十億美元，括號中的數據對轉口加成利潤未作調
　　整。
資料來源：與表 4.3 和 4.5 相同。

陸政府對轉口和轉口加成利潤進行調整後的估計數；(5) 美
國政府對轉口進行調整後的估計數 (括號中的數字)；(6) 美
國政府對轉口和轉口加成利潤進行調整後的估計數。

　　無論是使用中方經調整後的估計數 (在 1995 年為 263
億美元)，還是用美方經調整後的估計數 (在 1995 年為 240
億美元)，雙邊貿易的差額大大低於美國政府原來公布的估
計數 (338 億美元)。這意味着在客觀上，問題並沒有像那些
對美國貿易赤字表示擔憂的決策者所想的那麼嚴重。⑧

83

　　然而，筆者認為無論是出自經濟上的或非經濟上的原因，中美雙方近期的經濟關係將會變得更加惡劣。從美國的角度看，他們指責中國大陸侵犯人權，向伊朗、伊拉克和巴基斯坦出售武器，侵犯知識產權，並指責中國大陸在南中國海的領土紛爭、出口囚犯製造的產品等。以中國大陸的立場，中美雙方關係中最重要的是有關台灣問題、美國阻撓中國大陸加入世界貿易組織、申辦奧運會等，以及懷疑美國想遏止中國成為世界強國。

　　中國大陸要在世界舞台上成為重要或潛在的重要角色並不容易，中美雙方關係緊張的局面有可能持續和加劇。九七之後，香港有可能成為雙方貿易戰的犧牲品，而台灣也可能無法倖免，因為美國會把在大陸的台資企業生產的出口品當成大陸的出口品。中華經濟圈經濟整合的不斷加強會給各成員帶來經濟利益，但另一方面也將使各成員共同承擔一些大的衝擊。

　　另一種考察中美貿易關係的方法是把台灣、中國大陸和香港（中華經濟圈）當成一個經濟整體，那麼合併之後的中華經濟圈經濟體與美國貿易平衡的情況又會怎樣呢？表 4.7顯示了美國與中華經濟圈貿易平衡的情況。

　　如表 4.7 所示，雖然美國對中華經濟圈貿易的赤字在逐漸上升，但卻並不是美國認為的那樣，美國與中國大陸的

84

年度	中華經濟圈	香港	台灣	中國大陸
1989	-22.6	-3.4	-13.0	-6.2
1990	-24.4	-2.8	-11.2	-10.4
1991	-23.6	-1.1	-9.8	-12.7
1992	-28.3	-0.7	-9.3	-18.3
1993	-31.4	0.3	-8.9	-22.8
1994	-37.4	1.7	-9.6	-29.5
1995	-39.6	3.9	-9.7	-33.8

表 4.7　美國與中華經濟圈的貿易平衡情況

註：數字單位為十億美元。

資料來源：美國商務部各年的《美國對外貿易概況》，美國統計局
　　　　　1996 年公布的《1995 年按國家和地區分類的出口、進口
　　　　　和貿易平衡》。

貿易赤字在急劇增加。這部分原因是赤字的轉移：台灣和香港在大陸的投資使美國與大陸的貿易增加了赤字，但同時其與台灣和香港的貿易赤字卻下降了。然而，赤字轉移的現象並非對所有中華經濟圈的貿易夥伴都一樣。為了比較和說明，表 4.8 對中華經濟圈與日本的貿易平衡進行了概括。

　　我們可以從表 4.8 中看出，日本與中華經濟圈貿易的順差正在上升，即使它與中國大陸的貿易出現了逆差。由此可見，日本與台灣和香港的貿易順差足以彌補日本與大陸的貿易逆差。與美國的情況不同，貿易赤字在中華經濟圈成員

表 **4.8**　日本與中華經濟圈的貿易平衡情況

年度	中華經濟圈	香港	台灣	中國大陸
1989	13,119	9,307	6,442	-2,630
1990	11,908	10,899	6,933	-5,924
1991	17,390	14,251	8,762	-5,623
1992	25,395	18,702	11,697	-5,004
1993	29,808	20,697	12,403	-3,292
1994	27,749	23,594	13,039	-8,884

註：數字單位為百萬美元。
資料來源：日本各年有關日本國際貿易的白皮書。

之間的轉移並沒有發生在日本身上，這是因為大陸、香港和台灣都把美國作為它們產品的最終市場，因此，成員之間的生產轉移並不會嚴重影響到美國與中華經濟圈貿易的赤字。但日本的情況卻不同，日本不會從香港和台灣進口很多產品，而對於那些再加工的最終產品，與美國和歐洲國家相比，台灣和香港也還缺乏競爭力。相反，由於大陸中間產品的價格較便宜，日本更願意從大陸進口。此外，日本還從中國大陸進口原材料和廉價的最終產品。⑨

4.3　與中華經濟圈進行貿易的一些決定因素

　　為了更具體地了解與中華經濟圈進行貿易的一些決定因素，在本部分，筆者將對某些模型的估算提出一些看法。目前流行的一個決定中華經濟圈與其貿易夥伴因素的模型是重力模型。由於各種緣故，這一模型在相當一段時期被人們所使用，由於 Krugman（1991）、Frankel（1991）、Wang and Winter（1991）等學者的研究使之近來更加廣為流傳。重力模型假設兩個經濟體的貿易是由它們間的距離、國民和國內生產總值（它們的經濟"實力"）以及人均國民收入等因素所決定的。在很長一段時期，重力模型成功地預測了一國的貿易流量，但卻缺少理論根據。最近，有學者建立了一些能解釋重力模型以及與重力模型特徵相符的模型。事實上，重力模型可以在 Krugman-Helpman（1985）的壟斷競爭貿易模型變量和 Anderson（1979）研究結果的基礎上進行調整。

　　在本書的研究中，筆者把中華經濟圈當作一個整體，考察一下重力模型是否符合實際情況。如前所述，重力方程式成功地解釋了一國的貿易狀況，筆者將檢驗一下它是否能解釋台灣、香港和中國大陸作為一個經濟整體的情況。筆者使用的是國內生產總值、人均國內生產總值、國家間的距離以及是否與貿易夥伴接壤等一些基本決定因素。在統計演算

中，筆者把貿易夥伴區分為東亞成員、亞太經濟合作組織
（APEC）成員、北美自由貿易區（NAFTA）成員、歐盟（EU）
成員和拉丁美洲成員國等。所取的樣本是 1980 至 1994 年
間與中華經濟圈貿易量最大的前 35 個貿易夥伴。詳細情況
如附錄所示。⑩

　　基本的結論如下：首先，中華經濟圈的出口與其本身
的國內生產總值、貿易夥伴的國內生產總值和人均國內生產
總值成正相關。與中華經濟圈接壤的國家、東亞國家、亞太
經濟合作組織成員國、歐盟成員國等中華經濟圈的貿易夥
伴，都從中華經濟圈進口較多的產品。由於地理、國內生產
總值以及人均國內生產總值等因素的影響，中華經濟圈到拉
丁美洲國家的出口較少。

　　第二，中華經濟圈進口與其本身的國內生產總值、貿
易夥伴的國內生產總值和人均國內生產總值存在着正相關。
中華經濟圈從東亞和亞太經濟合作組織成員國的進口較多，
從歐盟、北美自由貿易區和拉丁美洲國家的進口較少。

　　重力模型在總體上，能很好地解釋中華經濟圈的貿易
狀況。在經濟上，可利用這個模型把中華經濟圈當成一個整
體，但在政治上，三者仍各自為政。如重力模型所指出的那
樣，我們認為中華經濟圈的貿易與自身的經濟規模（國內生
產總值）和貿易夥伴的經濟規模（國內生產總值）緊密相關。

這一道理也適用於經濟集團。假定國內生產總值和其他因素不變，中華經濟圈與東亞國家、亞太經合組織成員國的貿易往來較多，與諸如北美自由貿易區的往來則較少。

　　在以上各部分內容中，已對中華經濟圈經濟整合的特徵作了論述，這裏，經濟計量的演算進一步證實了以往的結論。根據這些分析，我們可以認識到，香港、台灣和中國大陸未來在經濟上將會更加緊密地聯繫在一起。

註釋

① 有關中國大陸與美國、歐盟和日本紡織品貿易的詳情，參見 Fung and Lau (1997)。

② 這些數據在 West (1995) 首次作出報導。

③ 如果進口的數量較小，海關對某些產品甚至予以免稅。

④ 為了進一步遏止中國大陸紡織品和服裝產品的出口，許多發達國家採用了非關稅壁壘的措施，例如反傾銷法和出口品的產地原則。有關詳細情況參見 Fung and Lau (1997)、Finger and Fung (1994a) 的論著。

⑤ 有種看法認為，隨着香港與大陸經濟整合的加深，大陸的腐敗會傳染到香港。然而，似乎大陸政府已認識到腐敗是中國經濟和社會不穩定的主要因素。為了保護香港的市場體制，大陸當局必須繼續使香港免於陷入腐敗和非法貿易的泥潭中。

⑥ 這部分內容來自 Fung and Lau (1996)、Fung (1996a)、Fung and Iizaka (1995) 的論著。有關中美貿易平衡的詳細探討，參閱 Fung and Lau (1996) 的論著。

⑦ 香港政府統計處最近的調查似乎顯示，美國產品轉口的加成利潤在最近幾年迅速下降到 5% 至 6%，而大陸產品轉口的加成利潤仍有 25%。對美國產品加成利潤的保守估計，會使調整後的美國出口總量大為增加，使中國大陸與美國雙邊的貿易差額變得更小。在這裏

的研究中，我們對美國產品加成利潤的數據持較保守的態度。

⑧ 有關中美貿易和勞務的平衡問題，參見 Fung and Lau (1996) 的論著。

⑨ 詳細情況請參閱 Fung and Iizaka (1995) 的論著。

⑩ 筆者對 Francis Ng 提供有關的數據以及在本章中對一些經驗數據的演算表示感謝。

中國大陸投資概況

5.1　中國大陸與外資有關的法律及體制框架

5.2　中國大陸外資的特徵

第 5 章

中國大陸投資概況

　　在接下來的三章（第 5、6、7 章）中，將對中國大陸、香港、台灣三個地區之間的投資關係進行討論。在本章中，會首先探討這一領域的相關體制特徵，尤其是與中國大陸有關的相關問題。自從 1979 年以後，**台灣和香港**對中國大陸進行了大量的投資。而在最近幾年，有資料顯示，中國大陸也已成為香港的主要投資者。作為背景資料，筆者將對中國大陸的投資形式提供一些大致情況。在第 6 和第 7 章中，則將分別探討香港與中國大陸、台灣與中國大陸和香港之間的投資關係。

5.1　中國大陸與外資有關的法律及體制框架

　　中國大陸 1979 年開始引進外國投資，以後的幾年中又在南部沿海地區建立了經濟特區，並且開始建立起一套複雜的對外國投資進行管理的法律體系。在 1986 年，大陸頒布了中華人民共和國國務院鼓勵外國投資的暫行條例，為在大陸的外國企業從事出口和引進先進技術提供了優惠政策。截至 1995 年底，在大陸的外國投資合同已超過了 260,000 個。香港至今已是大陸最大的投資者，其次是台灣和美國。絕大多數的外國投資集中在沿海各省的開放城市和經濟特區（美國商務部，1994）。

　　根據大陸目前的法律，有五種外國直接投資形式：中
外合資企業、中外合作企業、外國獨資企業、聯合開發，以
及最近出現的有限公司。截至 1992 年底，中國大陸已批准
了 59,000 個合資企業、16,000 個合作企業，以及 15,000 個
外國獨資企業 (美國商務部，1994)。[①]

5.1.1　中外合資企業

　　中外合資企業是在中國大陸註冊的責任有限公司，外
方和中方的投資者各持有一定的股份。有關對中外合資企業
管理的條規和法律有：《中華人民共和國中外合資經營企業
法》(1979 年 7 月 1 日頒布，1990 年 4 月 4 日經全國人民
代表大會修改)、《中華人民共和國中外合資經營企業法實施
條例》(1983 年 9 月 20 日由國務院頒布，1986 年 1 月 15
日經國務院修改)、1985 年的《涉外經濟合同法》以及 1986
年的《國務院關於鼓勵外商投資的規定》。此外，還有一些涉
及到土地使用權、進出口許可證、關稅、稅收、經濟特區的
運行、勞動力管理以及技術轉讓等方面的條規。還有一些是
省和直轄市一級的地方性法規，例如，經濟特區和沿海城市
就頒布有自己的地方法規，對全國性法規予以調整。不過，
有時會出現地方性法規與全國性法規相互矛盾的情況
(Howell，Nuechterlain and Hester，1995；Fung and Iizaka，

1995；Cheng，1995）。

　　中外合資企業一般經營期限為 50 年，可以延期；在某些優先發展的產業中，中外合資企業甚至可以無限期延長經營期限。一般規定，合資企業產生的利潤按合資比例分成，生產的產品只容許一部分在國內銷售，不過，最近幾年對這一限制已有所放鬆。另外，合資雙方的任何一方均可以擔任董事會的主席；外方投資的資本金至少要佔整個資本金的 25%，合資企業的外匯賬戶要能自行平衡；在合資期間，投資者不能撤走註冊資本；合資企業的終止必須得到合資雙方同意以及主管當局的批准。

5.1.2　中外合作企業

　　中外合作企業，有時也被稱為中外合同制企業，這是一種合夥性質的企業組織形式，合作的雙方都是獨立的法人企業，擔負各自企業的責任。根據 1988 年 4 月 13 日實行的《中華人民共和國中外合作經營企業法》的規定，中外合作企業可以像合資企業那樣，作為有限責任的企業註冊。中外合作企業是在大陸小額投資的一種主要形式，如旅館投資。

　　中外合作企業對外方沒有最低資本金限額要求。外方的投入不局限在資金方面，還可以是勞動力、資源和服務等。利潤分成不是按各方投入的資金比例，而是根據合同要求分成。在組織管理和資產結構方面，合作企業具有很大的靈活性。另外，對合作企業也沒有經營期限的限制，外方在經營合同期內可以撤回自己的資本。

5.1.3 外國獨資企業

外國獨資企業可以在國家沒有禁止或限制的產業領域中擁有 100% 的所有權，該獨資企業必須有利於中國大陸國民經濟的發展，才准予成立。對外資企業進行管理的法律是 1986 年 4 月 12 日實施的《中華人民共和國外資企業法》。過往，中國大陸對獨資企業的態度只是允許但不予以鼓勵，並且在某些特殊的領域不容許外國獨資企業涉足。大多數獨資企業集中在經濟特區和沿海開放城市。起初，許多獨資企業都是來自台灣和香港的小型公司，主要從事製造和裝配類型的生產，其中的一個典型例子是 Mei Lu 電子公司。Mei Lu 是一家開設在深圳的由台灣投資者 100% 擁有的企業，生產電話機、微波爐和揚聲器。它的母公司在台灣，除了高附加值的生產部分仍留在台灣本土外，其他一些簡單的製造程序已轉移到深圳，在深圳的工廠從日本進口電訊設備的集成電路板進行生產（Howell，Nuechterlein and Hester，1995）。

檢驗獨資企業的標準主要是要求它必須使用先進的技

術和設備、開發新產品、能夠節約能源和原料、提高和取代
現有的產品或生產進口替代的產品。同時，每年生產的產品
中，出口產品的價值能佔當年生產的產品總價值的 50% 以
上。另外，還要求在外匯上能自行平衡或有盈餘。獨資企業
必須以法人的形式進行註冊，而且按大陸中央和地方法規，
必須僱備大陸勞工。這類企業最大的優勢是能夠自主經營
（Sung，1991；Fung and Iizaka，1995）。

5.1.4　聯合（合作）開發

聯合或合作開發企業主要是由中央部委屬下的公司和
外國合夥者雙方組成，其目的是為了開發諸如天然氣、煤和
石油等自然資源。聯合開發並不需要建立法律上的實體。一
般的情況是，由外方合夥人承擔風險和開發費用，而以開發
的部分產品作為對外方合夥人的回報。

5.1.5　有限公司

1992 年 5 月，“國家經濟委員會”頒布了《股份制企業
試點辦法》、《股份有限公司規範意見》以及《有限責任公司
規範意見》。股份有限公司被認為是通過發行股票集資的法
人（Fung and Iizaka，1995；Cheng，1995；Howell，
Nuechterlein and Hester，1995）。

99

1993 年 12 月 29 日第八屆全國人大常委會第五次會議通過了《中華人民共和國公司法》，從 1994 年 7 月開始，中國大陸對成立有限責任公司實行了新的公司法。該法規的主要目的是對國有企業私有化提供一個法理依據，該法對合資企業和外國獨資企業並沒有影響。這項新的法律其中一個內容是，允許外資企業成立"分支機構"，從事"生產性和經營性的活動"。這一規定使得外資企業能變通地將產品在大陸銷售，並且毋須在當地註冊，企業就可以提供產品的售後服務 (Howell，Nuecherlein and Hester，1995；Cheng，1995)。

有關對投資項目的審查，一般須經過多個不同的層次。首先，建議方案要得到外經貿部 (委、局) 和地方政府的批准。有了這個批准，外國投資者 (以及大陸的合夥方，如果有的話) 再向中央和地方當局提出可行性的研究報告。可行性研究報告將成為簽訂合同的基礎。

自 1993 年開始，中國大陸對國內和國外各投資方發生的糾紛實行仲裁的制度。如果雙方同意進行仲裁，外方可以尋求有關國際組織對投資糾紛進行仲裁。還有其他一些機制可以糾正政府對合資企業不適當的干預。有些地方性和全國性的行政中介機構，專門從事處理雙方糾紛。雙方可以根據1989 年全國人大頒布的《行政訴訟法》條例提出訴訟，如果是由於政府的原因使企業違反了合同，還可以按《民法通則》第 116 條，要求政府作出賠償。

此外，根據 1990 年修改後的《中外合資經營企業法》和 1986 年頒布的《外資企業法》，中國政府對外國投資不可以攫取，但可以因公眾利益徵用外國投資的資產，但對其所受的損失要作出合理的補償 (Howell，Huechterlein and Hester，1995；Cheng，1995；Fung and Iizaka，1995)。

1995 年 6 月 27 日，"國家計劃委員會"、"國家經濟貿易委員會"，以及"對外貿易經濟合作部"共同頒布了大陸產品的投資指南。這個指南被稱為《指導外商投資方向暫行規定》，把產業分為"鼓勵類"、"允許類"、"限制類"和"禁止類"等數個類型。這反映了中國大陸政府力圖推行它的"產業政策"，積極鼓勵外國資本對諸如高技術的某些產業進行投資，而對諸如開發稀有礦產或高檔住宅的投資，則採取消極的態度 (《南華早報》週末國際版，1995 年 7 月 22 日；《華爾街日報》，1995 年 3 月 30 日；Cheng，1995；Fung and Iizaka，1995)。武器生產和傳媒等領域仍將繼續不允許外國資本進入。在諸如製藥、機械製造和輕工業等行業中，只批准某些項目，如生產冰箱的投資就不會被批准，因為在中國大陸這一類生產已鋪天蓋地。在諸如煤礦和能源的領域中，該投資指南要求中方能佔絕對多數的比例。

101

中國大陸政府對民用飛機生產和銀行業的控制將有所放鬆，對包括農業、基建和高技術領域的投資予以鼓勵。對受鼓勵產業的投資實行減稅、減少審批環節等政策。除了對某些領域的投資實行鼓勵之外，該投資指南還要求對外國直接投資進行監督，並對外加工的投資不予積極支持。例如，與 1993 年同期相比，1994 年第一季度由國家工商行政管理局批准的投資項目下降了近 44%，1994 年首三季，在大陸的協議外資下降了約 30%（Sung，1995）。這或許是由於人們對大陸宏觀經濟調控政策的擔憂，或者是由於對外國投資的緊縮政策，也或許是兩者兼而有之。

5.2 中國大陸外資的特徵

表 5.1 顯示了長期以來在中國大陸的協議和被實際利用的外國直接投資。

中國大陸是繼美國之後吸引外國資金的第二大國家。外國投資佔固定資產投資從 1992 年的 8% 上升到 1993 年的 10%，並上升到 1995 年的 15.8%。1993 年批准的投資合同超過了 83,000 個，相當於 1980 年之後各年的總和。1993 年，外資企業生產的產品佔大陸名義國民生產總值的近 10%，貿易總額達到 670 億美元，大致相當於 8 年

| 表 5.1 | 中國大陸協議和實際利用的外國直接投資 |

年份	協議外國直接投資	實際利用外國直接投資	投資項目
1979-83	7,742	1,802	1,471
1984	2,651	1,258	1,894
1985	5,932	1,661	3,145
1986	2,834	1,874	1,551
1987	3,709	2,314	2,289
1988	5,297	3,194	6,063
1989	5,600	3,392	5,909
1990	6,597	3,487	7,371
1991	11,977	4,366	13,086
1992	58,124	11,007	48,858
1993	111,436	27,515	83,595
1994	82,680	33,767	47,646
1995	91,282	37,521	37,184
總計	395,860	133,158	260,062

註：外國直接投資的數字單位為百萬美元。
資料來源：1996 年《中國統計年鑑》。

以前大陸的總貿易量。這些外資企業為城市提供了大量的就業機會，僱用了約 1,000 萬大陸工人。

　　有跡象顯示，在中國大陸的外國投資正趨於向附加值高的產業發展。越來越多的外資企業願意轉讓技術，例如，Sony 公司在 1993 年宣布了它第一個在中國大陸的技術投資項目；東芝公司與中國大陸簽訂合同，為熱能核電站生產控制系統的產品；日本電器（NEC）與大陸製造商合作，成為在中國生產集成電路板的最大製造商（Howell，Nuechterlein and Hester，1995）。

　　表 5.2 和 5.3 對中國大陸各類外國直接投資的協議資金和實際利用資金進行了概括。

　　在實際利用外資方面，1995 年合資企業超過整個外國直接投資的一半，而聯合開發所佔的比例卻非常少（1.57%）。外國獨資企業則迅速上升。貸款和其他外國投

表 **5.2** 中國大陸外國直接投資的各種類型（協議資金）

年份	中外合資企業		中外合作企業		外國獨資企業		聯合開發	
1986	1.38	（48.5）	1.36	（47.9）	0.02	（0.72）	0.08	（2.85）
1987	1.95	（52.6）	1.28	（34.6）	0.47	（12.70）	0.005	（0.13）
1988	3.13	（59.2）	1.62	（30.7）	0.48	（9.07）	0.05	（1.11）
1989	2.66	（47.5）	1.08	（19.3）	1.65	（29.50）	0.20	（3.64）
1990	2.70	（41.0）	1.25	（19.0）	2.44	（37.10）	0.19	（2.94）
1991	6.08	（50.8）	2.14	（17.9）	3.67	（30.60）	0.09	（0.77）
1992	29.10	（50.1）	13.30	（22.8）	15.70	（27.00）	0.04	（0.07）
1993	55.20	（49.6）	25.50	（22.6）	30.50	（27.50）	0.30	（0.28）
1994	40.20	（48.6）	20.30	（24.6）	21.90	（26.50）	0.24	（0.30）
1995	39.70	（43.5）	17.80	（19.5）	33.70	（36.80）	0.06	（0.07）

註：數字單位為十億美元，括號中的數據是佔整個外國直接投資的比例。

資料來源：各年的《中國對外關係和貿易年鑑》；各年的《中國統計年鑑》。

表 5.3　中國大陸外國直接投資的各種類型（實際利用資金）

年份	中外合資企業	中外合作企業	外國獨資企業	聯合開發
1986	0.80　（42.9）	0.79　（42.3）	0.016　（0.87）	0.26　（13.89）
1987	1.49　（64.2）	0.62　（26.8）	0.025　（1.06）	0.18　（7.92）
1988	1.98　（61.9）	0.78　（24.4）	0.230　（7.08）	0.21　（6.64）
1989	2.04　（60.1）	0.75　（22.2）	0.370　（11.00）	0.23　（6.84）
1990	1.89　（54.1）	0.67　（19.3）	0.680　（19.60）	0.24　（7.01）
1991	2.30　（52.7）	0.76　（17.5）	1.140　（26.00）	0.17　（3.87）
1992	6.11　（55.6）	2.12　（19.3）	2.520　（22.90）	0.25　（2.27）
1993	15.35　（55.8）	5.24　（19.0）	6.510　（23.70）	0.42　（1.50）
1994	17.93　（53.1）	7.12　（21.1）	8.040　（23.80）	0.68　（2.00）
1995	19.08　（50.8）	7.54　（20.1）	10.320　（27.50）	0.59　（1.57）

註：數字單位為十億美元，括號中的數據是佔整個外國直接投資的
　　比例。
資料來源：各年的《中國對外關係和貿易年鑑》。

資將在表 5.4 和 5.5 中與外國直接投資進行比較。

　　"其他外國投資"指的是加工和裝配、補償貿易和租
賃。總的外國投資包括外國直接投資和這些"其他外國投
資"。然而，正如在有關中國大陸貿易的章節中解釋的那
樣，雖然加工和轉承包在資金方面並不重要，但由於所有的
產品均用於出口，因此，對中國大陸的出口有着至關重要的
影響。

表 5.4 **1990-1994 年中國大陸利用外資分類（實際利用資金）**

年份	貸款	外國直接投資	其他
1990	6.5	3.5	0.27
1991	6.9	4.4	0.30
1992	7.9	11.0	0.28
1993	11.2	27.5	0.26
1994	9.3	33.8	0.18

註：數字單位是十億美元。
資料來源：1995 年《中國統計年鑑》。

表 5.5 **1990-1994 年中國大陸利用外資分類（協議資金）**

年份	貸款	外國直接投資	其他
1990	5.2	6.6	0.39
1991	7.2	12.0	0.45
1992	10.7	58.1	0.61
1993	11.3	111.4	0.58
1994	10.7	82.7	0.41

註：數字單位為十億美元。
資料來源：1995 年《中國統計年鑑》。

註釋

① Sung (1991)、Lardy (1994)、Cheng (1995)、Howell，Nuechterlein and Hester (1995)、Fung (1996a)、Fung and Iizaka (1995)，已對這些投資形式的特徵作過描述。本章的論述主要基於上述論著，並對此有所引申。

香港和中國大陸
的投資關係

6.1　香港在中國大陸的投資

6.2　中國大陸在香港的投資

第 6 章

香港和中國大陸的投資關係

6.1　香港在中國大陸的投資

上一章對中國大陸外國投資的形式在總體上作了説明。正如我們所看到的那樣，在中國大陸的外國投資（尤其是外國直接投資）從 1978 年開始迅速增長。表 6.1 反映了香港等地在大陸投資的情況。

如表 6.1 所示，香港對中國大陸的投資增長迅速。總體上，香港累計在中國大陸的投資佔整個大陸外國投資的近

表 6.1　在中國大陸協議外國投資的分類

年份	總和	香港	台灣	美國	日本
1979-1990	45,244（100）	26,480（58.53）	2,000（4.42）	4,476（9.89）	3,662（8.09）
1991	12,422（100）	7,531（60.63）	1,392（11.21）	555（4.47）	886（7.13）
1992	58,736（100）	40,502（68.96）	5,548（9.45）	3,142（5.35）	2,200（3.75）
1993	111,967（100）	74,264（66.33）	9,970（8.90）	6,879（6.14）	3,015（2.64）
1994	83,088（100）	47,278（56.90）	5,397（6.50）	6,537（7.87）	5,459（6.57）
1979-1994	311,457（100）	196,055（62.95）	24,307（7.80）	21,589（6.93）	15,222（4.89）

註：數字單位為百萬美元，括號中的數據是佔整個中國大陸外國協議投資的比例。
資料來源：各年的《中國對外關係和貿易年鑑》。

60%。香港無疑是中國大陸最主要的外國投資者，而台灣在近幾年則成為中國大陸的第二大外國投資者。

　　從香港的角度出發，香港在中國大陸的投資有多少？表 6.2 就香港對亞洲其他國家的投資情況作了概括。它顯示出香港在中國大陸的累計投資超過了對其他亞洲主要國家投資的總和。

表 **6.2**　香港在亞洲的投資

國家	累計投資
中國	86,600　（1979-1993 年 3 月）
泰國	8,868　（1988-1993 年 9 月）
印度尼西亞	5,900　（截至 1994 年 3 月）
台灣	2,044　（截至 1993 年）
越南	1,200　（截至 1993 年）
馬來西亞	763　（截至 1993 年）
菲律賓	662　（截至 1993 年）

註：按東道國政府公布的數據。每個國家對外資的定義和計算方式
　　有所不同。數字單位為百萬美元。
資料來源：香港貿易發展局（1994）。

　　1992 年，香港在大陸製造業的投資達 73 億美元。表 6.3 對香港在大陸投資的產業分布作了概括。香港在大陸的投資傾向於金屬和機械產品、服裝、紡織品和電器產品。①

　　經常有人猜測，從香港到大陸的大量投資實際上是來源於在香港的大陸企業的投資。這些大陸的資金在香港繞個彎後又回到大陸，可以享有大陸本地投資者無法獲得的優惠

表 6.3　香港在中國大陸投資的產業分類

產業	投資比例 （％）
金屬和機械產品	13.0
服裝	10.4
紡織品	8.4
電器	7.3
塑料製品	6.1
珠寶	3.9
玩具	3.6
食品和飲料	3.6
皮件和橡膠製品	3.5
紙張和印刷	3.1
其他	37.1
總計	100

資料來源：Chen and Wong（1994）論著中的表 2。

政策。在海外兜圈子的大陸資金只是通過合法或非法途徑流出海外資金中的一部分。由於這些資金的外流，大陸資本賬戶的盈餘比世界銀行認為的要小得多（世界銀行，1993）。作為中國大陸的紐帶（尤其是廣東），香港金融市場與大陸十分接近，因此，從中國大陸流入香港的短期和長期資金將進一步增加。

根據 Hsueh and Woo (1991) 以及 Shih (1989) 的資料，香港對大陸的投資中有 40% 是大陸在香港的企業所為，而其中大部分投資又來源於大陸銀行。據 Wang Chen and Nyaw (1991) 指出，香港在大陸的外國直接投資中，只有大約 30% 是屬於真正的外國投資。

許多企業選擇香港作為自己在亞洲運作的總部，使香港事實上成為到大陸（以及到東南亞）進行投資的跳板。根據香港工業局 1985 年的一項調查，470 家在港的外國跨國公司中，有 163 家把香港作為其在亞洲的營運總部。在 1990 年，另一項調查表明，在 2,310 家外國分公司中，有 572 家把香港作為自己的營運總部。其中有一半的公司是美國企業。最近一項調查是在 1993 年，對涉及在港 7,800 家外國公司進行的調查，其中有 624 家公司把香港作為它們的地區性總部，另外有 844 家把香港作為它們地區性的辦事處。美國在港設立地區性總部的公司最多，有 182 家公司，其次是日本（88 家）、英國（81 家）和中國大陸（67 家）。

根據 Low Ramsetter and Yeung（1995）的報告，有一個十分明顯的情況是，香港的某些海外投資，事實上是外國控制的資本。他們對香港在新加坡製造業投資的資本所有權進行了調查，發現在新加坡製造業中的 "香港" 企業，由於上面的因素，其平均規模要縮小。此外，Hill（1988）指出，在香港的英國公司佔了香港對印度尼西亞外國直接投資中的很大一部分。日本的資料也表明，有一些投資是在香港的子公司所為。相反，當按所有權分類時，香港在美國直接投資的地位在 1989 年至 1992 年期間是上升的，儘管這一情況在 1993 年已經扭轉。這裏的關鍵是，對香港投資地點和所有權的定義，可以使 "香港" 的投資規模有着相當大的變化。雖然我們沒有關於中國大陸的直接數據，但如果我們以所有權來進行分類，香港在大陸投資的數據也會大量縮小。

根據世界銀行的資料（1993），到中國大陸的大量外國直接投資，是採用進口設備的形式，有些進口設備的價值被高估。有人估計，修正對進口設備價值的高估，將使在大陸的外國直接投資減少 25% 以上。

香港對大陸投資的原始動機是利用大陸廉價的土地和勞動力。這就可以解釋為何大量的投資是轉承包方式。由於香港近年來勞動力和土地成本急劇上升，因此，如果大陸不能作為向香港提供廉價勞動力的腹地，那麼香港製造業的生產不可能具有競爭力。然而，正如我們在以後章節中指出的那樣，中國大陸與香港的經濟交往也提高了香港本地的通貨膨脹。

6.2　中國大陸在香港的投資 [2]

6.2.1　在香港的四大大陸企業

1978 年以前的近 30 年中，大陸在香港的企業集中在銀行業，以及與大陸商業運輸和旅遊業有關的服務業。大多數的企業由大陸的中央政府直接經營。即使是現在，大陸在香港仍有四個最大的投資企業：中國銀行、中國華潤 (控股) 有限公司、中國商人國際有限公司和中國旅行社。[3] 這四家政府經營的公司在香港市場中佔有相當重要的份額。

中國銀行是香港第二大銀行。根據香港貨幣當局的資料，中國銀行擁有 18,000 個員工和 350 個分支機構。據估計，它佔了香港整個銀行存款的 25%，佔總銀行資產的 10%。[4] 從 1994 年開始，中國銀行還具有發行港幣的權力。中國銀行集團已成為香港第二大銀行集團。

中國華潤集團原先是由國家 "對外經濟關係和貿易部"

作為在海外的窗口於 1994 年設立的公司。它有自己的船
隊、碼頭、銀行、貨倉和百貨公司。中國華潤壟斷了中國對
香港石油和食品的出口。⑤

　　中國商人控股公司屬於中國國家運輸部。公司原來的
業務是船運，根據 Chan (1994) 的資料，在 1992 年它佔了
香港九分之一的海運量和十分之一的集裝箱運輸量。近年
來，該公司的業務已大大擴展，其在製造業、貿易、建築、
金融和旅遊業等方面的營運總資產達 270 億美元。

　　最後一個在香港的大陸主要公司是中國旅行社香港分
社，它壟斷了大陸國際旅遊業務。在 1993 年，它有 13 家
分社，20 家所屬公司，每年接待遊客約 200 萬。同時，它
也是在香港聯交所公開上市的公司。

6.2.2　開放後中國大陸在香港的投資

　　隨着 1979 年經濟的開放，中國大陸許多省市的政府部
門在香港都設立了企業的分支機構，使大陸在香港的投資大
幅度上升。然而，全面性的相關資料尚不齊全，中國大陸
也不向外公布對外投資的數據 (Lardy，1994)。由於香港是
自由貿易和投資的體制，同時也缺少企業向政府上報數據的
規定，因此，有關香港本地的對外投資，並沒有一套全面的
資料。

117

香港對外國投資實行完全開放的政策。根據關貿總協定 (1994)，香港對在港的外資內部直接投資進行限制的只有傳播業。要成為持牌電視製作商的股東，必須：在香港居住滿 7 年，然而，有些不符合要求的股東可以有其"相關的利益"；在電視廣播公司的投票中佔有 10% 的投票權；在香港對亞洲國家衛星廣播的投票中佔有 49% 的投票權。

在香港從事銀行業、保險和證券業務的公司，無論它是否是香港本地的公司，都需要具有經營牌照或經當局的批准。其他類型的公司只要到香港政府的公司註冊處進行公司註冊即可。香港對本地和非本地居民的資本受付沒有外匯管制，實際上，對資本流入香港也沒有限制，同時，也沒有申報的要求。

據 Kao (1994) 估計，截至 1991 年底，從大陸累計到香港的直接投資達 100 億美元，大陸投資的企業約有 1,000 家。Sung (1995) 聲稱大陸企業和政府機構擁有的資產在 1984 年總計達 60 億美元，1989 年上升到了 100 億美元，至 1992 年底，達到了 200 億美元。[6] Chen and Wong (1994) 的資料說明，截至 1992 年，中國大陸在海外的投資達 155 億美元，其中有 120 億美元 (78.2%) 是在香港（見表 6.4）。他們進一步指出，在 120 億美元中，有 115.4 億美元是在非製造業中的投資，只有 4.6 億美元是對製造業的投資。

在非製造業的投資中，據稱在 1992 年有 20 億美元是對香港房地產業的投資（Sender，1994）。根據香港貿易發展局（1994）的報告，截至 1993 年，大陸已超過日本，成為在香港累計的最大的外國投資者，香港已成為中陸大陸海外投資的首要地區。截至 1995 年，中國大陸在香港的投資已達到 250 億美元。[7]

　　在香港的大陸投資可以分為三類：銀行投資、上市公司的投資和非上市公司的投資。根據香港貨幣局的統計資料及 Chen（1994）的估計，大陸銀團在香港的投資在 1992 年

表 6.4　中國大陸在香港累計投資的估計數

（單位：億美元）

年份	估計數
1984	60
1989	100
1991	100-120
1992	120-200
1993	200
1995	250

資料來源：Sung（1995）、Kao（1994）、Chen and Wong（1994）；香港貿易發展局（1994）；Chan and Kan（1996）。

和 1993 年分別達到 64 億和 74 億美元；上市公司 1993 年投資的估計數為 79 億美元；非上市公司的累計投資估計數比大陸銀行要小一點。Kao（1994）的資料表明，截至 1992 年，大陸的銀行已在香港投資了 50 億美元，上市公司至少有 10 億美元。

用 1993 年累計 200 億美元的數據，我們有理由認為，大陸在香港的投資事實上已超過了香港在大陸的投資。香港在大陸 1979 年至 1992 年期間投資的累計數是 230 億美元。大陸在港投資的數據似乎還十分保守，因為有些大陸地方政府和企業為了逃避外匯和貿易管制，在港設立了分支機構。另一方面，如前所述，香港在大陸的投資卻似乎被誇大了。首先，香港在大陸的某些投資實際上是大陸的資本，為了利用大陸對外資的許多優惠政策，這些大陸資本在香港兜個圈後又回到了大陸。第二，由於成功的吸引外資被當成是良好的政績，因此，大陸很多地方官員有誇大引進外資數量之嫌。最後，香港是商品和資本的中轉港，有些到大陸的資本實際上是經香港到大陸的香港以外的資本。[8]

大陸在香港的投資也可以分為五個階段：1949 年至 1979 年只是象徵性的階段，在港的大陸投資主要是前面所說的四大公司；1979 年至 1985 年是擴展的階段，實際上所有中央和省政府重要的部、委、局都到香港來投資；1985

年至 1989 年是進一步擴展的階段,但投資活動更多的是出
自政治上的考慮;1989 年至 1992 年為緊縮階段,大陸政
府關閉了成百上千個越軌經營的大陸企業,其結果使在港的
大陸企業從原來的 3,000 多個下降到了不到 1,000 個。自
鄧小平 1992 年南巡之後,又開始了另一輪的投資擴展。[9]

　　目前,大陸在港的投資面較以前更為廣泛。但是,大
部分仍集中在非製造業。Chen and Wong(1994) 指出,截至
1991 年底,大陸在港非製造業的投資達 115.4 億美元,在
製造業領域的投資只有 4.6 億美元。表 6.5 顯示了在非製
造業領域中的投資,例如,1992 年對房地產的投資達到 20
億美元。[10]

表 6.5 **1991 年和 1992 年中國大陸在香港
主要產業的累計投資**

年份	總值	製造業	非製造業	房地產
1991	10-12	0.46	11.54	1.3
1992	12-20	0.53	11.47-19.47	2.0

註:數字單位為十億美元。在港的房地產投資(第 5 欄)
　　是非製造業(第 4 欄)投資中的一部分。
資料來源:Sung(1995)、Kao(1994)、Chen and Wong
　　　　　(1994)、香港貿易發展局(1994)、Chan
　　　　　(1994)、Sender(1993)。

　　表 6.6 較全面地對有關大陸在港的投資進行了分類。根據香港華人企業協會 1992 年的資料，大陸投資企業中的 5.6% 是從事製造業，8.3% 是建築和不動產業，46.9% 為轉口貿易，4.2% 為旅遊業，10.2% 為運輸業，10.8% 為金融和保險業。

　　在製造業中，1992 年大陸累計在港直接投資達 40.8 億美元。大陸在港的直接投資佔香港整個外國投資（總量為 373 億美元）的 11%（見表 6.7）。

表 6.6　中國大陸在香港投資的產業分布

產量分類	企業數量
製造業	48　（ 5.6 ％）
貿易	402　（ 46.9 ％）
金融和保險	93　（ 10.8 ％）
運輸	87　（ 10.2 ％）
建築和不動產	71　（ 8.3 ％）
諮詢、廣告、包裝和印刷業	44　（ 5.1 ％）
旅遊業	36　（ 4.2 ％）
其他	76　（ 8.9 ％）
總計	857　（ 100 ％）

註：括號中的數據是佔總量的比例。
資料來源：香港華人企業協會："在港中資企業指南"（1992），Chen and Wong（1994）。

表 6.7　在香港製造業中中國大陸累計的直接投資

年份	數額（十億港元）	佔總外國投資的比例（％）
1985	2.40	19.7
1986	2.48	15.9
1988	2.95	11.3
1990	3.28	10.6
1991	3.75	10.9
1992	4.08	11.1

資料來源：香港工業局（1993），Kao（1994），香港貿易發展局
　　　　　（1994）。

中國大陸是繼日本和美國（見表 6.8）在港對製造業投資的第三大外商投資者（總投資的排名為第一）。

表 6.8　1992 年在香港製造業的外國投資

國別	比例（％）
1. 日本	33.4
2. 美國	27.1
3. 中國大陸	11.1
4. 英國	4.9
5. 荷蘭	4.5

註：關稅和貿易總協定組織："貿易政策的評論機制：香港"
　　（1994）。

如前所述，大陸在港製造業中的投資較少。但在製造業中，1991 年的大多數投資為運輸設備、煙草、電子產品（見表 6.9）。

表 6.9 中國大陸在香港製造業投資的行業分布

行業	1989	1990	1991	1992	1993	1994
運輸設備和煙草	939 (29.5)	1,657 (50.4)	2,099 (56.0)	2,758* (66.7)	2,907** (65.9)	2,709 (64.0)
電器	410 (12.9)	255 (7.8)	523 (14.0)	415 (10.0)	269 (6.1)	566 (13.4)
紡織品和服裝	295 (9.3)	272 (8.3)	325 (8.7)	303 (7.3)	—	185▲ (4.4)
紙張	80 (2.5)	—	221 (5.9)	91 (2.2)	—	—
金屬品	—	—	165 (4.4)	175 (4.2)	487*** (11.1)	520▲▲ (12.3)
電子產品	—	93 (2.8)	95 (2.5)	108 (2.6)	130 (3.0)	178 (4.2)
化工產品	599 (18.8)	621 (18.9)	81 (2.2)	76 (1.8)	302 (6.8)	—
其他	48 (1.5)	29 (0.9)	238 (6.4)	207 (5.0)	313 (7.1)	76 (1.8)
總計	3,178 (100)	3,288 (100)	3,747 (100)	4,133 (100)	4,408 (100)	4,234 (100)

註：數字單位為百萬港元。投資以原始成本計價。括號中是佔總量的比例。

* 1992 年的數據包括對塑料品的投資。

** 1993 年的數據包括對紡織品和服裝的投資。

*** 1993 年金屬品一欄的數據包括對塑料品的投資。

▲ 1994 年紡織品和服裝一欄的數據包括對非電子機械的投資。

▲▲ 1994 年金屬品的數據包括對化工產品的投資。

資料來源：香港工業局各年的香港製造業海外投資調查報告。

與整個外國投資在大陸的情況相比，在港的外國投資在電器、化工產品的投資相對較高。然而，與大陸的情況相反，在港的其他外國投資對運輸設備和煙草卻沒有多少投資（見表 6.10）。

表 **6.10** **1992 年其他外國投資在香港製造業的行業分類**

行業	比例（%）
電器	31.4
電子產品	11.1
紡織品和服裝	11.0
食品和飲料	6.9
化工產品	5.8

資料來源：關稅和貿易總協定組織："貿易政策的評論機制，香港"（1994）。

我們可以進一步對大陸在港投資的所有權形式進行分類。表 6.11 顯示出 1994 年在被調查的企業中，有 49%（37家企業中的 18 家）是與香港本地企業聯手經營的。在電器、

表 **6.11**　**1994** 年香港製造業中的中國大陸企業的組織形式

行業	大陸獨資企業	沒有香港本地參與的大陸合資企業	有香港本地參與的大陸合資企業	總計
運輸設備	2 （11.8）	0 （0）	0 （0）	2 （5.4）
煙草	1 （5.9）	0 （0）	0 （0）	1 （2.7）
電器	4 （23.5）	0 （0）	4 （22.2）	8 （21.6）
紡織品和服裝	2 （11.8）	0 （0）	3 （16.7）	5 （13.5）
非電子機械	0 （0）	0 （0）	1 （5.6）	1 （2.7）
電子產品	3 （17.6）	0 （0）	1 （5.6）	4 （10.8）
金屬品	0 （0）	0 （0）	2 （11.1）	2 （5.4）
化工產品	0 （0）	1 （50.0）	2 （11.1）	3 （8.1）
其他	5 （29.4）	1 （50.0）	5 （27.8）	11 （29.7）
總計	17 （100）	2 （100）	18 （100）	37 （100）

註：數字為投資的企業數，括號中的數字是佔整個一欄總數的比例。

資料來源：香港政府工業局，1995 年對在港製造業中的海外投資的調查。

紡織品和服裝行業中，這種企業組織形式似乎佔了主導地位。大陸在港的投資可以是對企業產品或項目的投資。例如，Chen and Wong（1994）指出，在港主要四間大陸公司之一的華潤公司，有 300 家諸如玩具和傢具製造的合資企業。華潤公司還負責替外方合夥者在大陸銷售其產品。

6.2.3　中國大陸在香港的投資動機

　　大陸企業在港投資有幾方面的動機。有些大陸的國營企業認為，在香港投資是確保香港社會和經濟穩定的一種方式。中國國際信托投資公司（CITIC）是作為中國國務院對外投資的一個窗口，它的主席聲稱，確保香港社會和經濟的穩定是他們在港投資的一個原因。中國華潤有限公司則認為，向香港出口食品是穩定香港食品價格的一種方式。中國海外地產開發公司在香港投資是為了向香港的貧窮者提供廉價的住房。雖然因許多良好的政治和經濟上的願望促使大陸企業在香港投資，但很難判斷在具體的投資決策中，上述原因到底有多大的作用。

　　除了上述動機之外，大陸在港的投資還有其他的一些原因。首先，對中國大陸來講，香港仍是極大的獲利市場，因此，在港投資和設立分支機構是再自然不過。由於香港合夥人對香港市場有更深入的了解，因此，1994 年大陸在製造業的投資有一半以上是與香港本地企業聯手的，這種情況部分反映了大陸在港投資的上述原因。同時，這也符合中信集團認為大陸在港投資部分原因是為了推銷大陸產品的説法（Chen，1994）。

　　其次，大陸希望能為中港之間的大量貿易、運輸和旅遊活動提供服務。如在以前的章節中所討論的那樣，中港之

127

間存在大量經香港到世界其他地方的轉口貿易。為轉口提供服務是相當能獲利的。根據香港的資料，大量產品經香港轉口的盈利可高達 43%。⑪

第三，是為了將那些控制出口到大陸的高技術產品經香港運往大陸。這反映了中國大陸試圖通過引進高技術實現其經濟現代化的願望。出口禁止是由"多邊出口管制協調委員會"實行的，這個委員會由西方工業國家聯合成立，主要是對軍事技術流入共產主義國家進行管制。例如，為了繞過這些管制，大陸 80 年代在香港設立了三個生產電子產品的工廠，目的是為了引進相關技術（Chan，1994）。這一動機隨着冷戰的結束和美國逐漸對高技術出口管制的放鬆而不斷減弱。

第四，如前所述，大陸的有些機構在港設立分支機構是為了逃避大陸對外匯和其他方面的管制（Sung，1995）。由於香港對資本流入沒有申報要求，並且產權在香港明確受到保護，香港為大陸某些非法資本的外流提供了安全地。這些資金的一部分在香港用作長期投資，部分則經香港流往其他地區。

第五，有些大陸企業把投資香港作為是進一步投資海外的中間步驟。他們可以在香港對產品進行試銷，學到很多管理技術以及收集國外市場的信息。由於地理上的毗鄰、語

言上的接近以及民族上的紐帶關係等有利條件，香港可以成
為大陸投資海外的第一站。隨後他們可以從香港再投資諸如
美國等海外市場。

　　第六，一些投資到香港的資本是為了變成外資，然後
回到中國大陸利用大陸給予外國投資者優惠的稅收政策。⑫
Hsueh and Woo (1991) 認為，至少有 40% 在大陸的香港投
資是來自大陸的企業。

　　最後，一個日益重要的動機是為了在香港籌資。1992
年，大陸批准了大陸的一些國有企業在香港的股票交易所公
開上市。如果我們把範圍局限在那些大陸控股 35% 的大陸
公司，那麼在香港交易所 444 家上市公司中，大陸公司佔
了 39 家，佔整個市場資本量的 6%。39 家在香港股票交易
所上市的公司中，有 6 家是國有企業（例如，青島啤酒、上
海石化等），然而這些企業在香港不從事任何經營活動
（Chang，1994；Chan，1994；Chen and Wong，1994）。香
港有着高額的儲蓄率，根據亞洲開發銀行的資料，香港
1992 年的儲蓄佔國內生產總值的 31%。1993 年底，香港股
票交易所是世界上第六大股票交易市場。由於在香港上市可
以大規模地籌資，大陸企業十分希望能在港上市。有些大陸
企業將香港作為企業上市的第一步，隨後進一步在紐約和倫
敦等海外股票市場上市。

129

在香港籌資的動機也導致了所謂企業走後門式的上市辦法。一些大陸企業通過對在香港經營不善的上市企業注入一定的資產，兼併這些企業。在 1992 年至 1993 年兩年時間中，就有總共 19 間這樣的空殼公司被收購，然後被利用來籌資。通過空殼公司在香港籌措的資金已上升為 18.4 億美元（Chan，1994；Chen and Wong，1994）。

6.2.4 中國大陸對香港投資的影響

中國大陸在香港投資的增加對雙方的經濟都是有利的。在理論上，撇開資本的風險之後，資本總是從低回報的地區流向高回報的地區。由於這些投資，使得香港從中獲利，它使香港增加了本地的資本形成，使本地的生產和就業有了增長。根據 Chen and Wong（1994）的調查，越來越多的技術從香港轉移到了大陸。但同時，大陸也在諸如水泥、化工和建築等行業向香港轉移了技術。大陸還從在香港得到的培訓中受益，尤其是在商業和管理的培訓方面。由大陸公司培訓香港的職員也有助於他們更好地為大陸市場提供服務，因為這可以使港人熟悉大陸市場的營銷和有關體制特徵。

然而，雖然有以上益處，但也存在着一些負面影響。如前所述，大陸在港最大的投資是在非製造業領域，尤其是在香港的地產市場（見表 6.5）。大陸對這個市場的大量投資引發了市場的高速發展。在 1992 年至 1993 年兩年內，香港住宅市場價格的上升超過了 100%，不動產的價格已超過了東京。事實上，即使是大陸港澳辦的官員也對大陸公司在香港地產市場上的過分投機予以批評。[13] 房地產業主從價格上漲中獲益，但高的房地產價格導致了嚴重的收入再分配，使香港的一般居民負擔能力下降，影響了他們的生活水平。

大陸在香港的投資還引起了香港股票市場的擴展。在不動產和股票市場領域，大陸的某些投資引起了人們的憂慮。首先，國有企業的投資用的是大陸政府的資金，投資者會面臨道德風險的問題。投資者或許會進行高風險投機，因為即使虧了本，也會有國家來彌補；如果賺了錢，個人能獲得好處。這使得不動產和股票市場的投機與市場本身的風險不相一致，結果導致市場的過度波動。此外，大陸在香港走後門式上市企業的增加，也會加劇股票市場的波動。投資者會揣測哪家公司將會被收購，然後對這家公司的股票進行投機。LAWS 地產公司就是一個例子：它被大陸企業兼併之後的 5 個月中，價格翻了 3 倍，市盈率上升了 25 倍。[14]

大陸國有企業和其他公司使用國家的資金在香港投資，這種情況可以與美國 80 年代和 90 年代儲蓄和貸款（S&L）業的危機相比較。儲蓄和貸款機構是同銀行獲利方式一樣的金融機構，它吸收公眾的存款，隨後再對外放款。在儲蓄和存款機構的危機中，存在兩個主要問題：一是不斷上升的過度風險，二是欺詐。一個基本的問題還在於聯邦儲蓄和貸款保險公司為儲蓄和貸款機構保險。

由於聯邦儲蓄和貸款保險公司對儲蓄和貸款機構提供了保護，因此，它（還有放鬆管制的措施）鼓勵了儲蓄和貸款機構的經理從事高風險項目的投資，這包括對不動產的投機性貸款，以及對高收益但高風險的公司貸款，對這些公司的貸款如同購買"垃圾債券"。儲蓄保險（包括有限制性的要求業主投入一定量自己的資金以防風險）使得儲蓄和貸款機構在貸款呆賬時能推卸責任，在投資成功時獲得收益，這便鼓勵了他們從事具有過度風險的貸款和投資。

此外，由於儲蓄得到了保險，存款人（儲蓄者）對儲蓄和貸款機構的監管就很少有積極性。這就為儲蓄和貸款機構的經理和所有者從事欺詐活動開了方便之門。例如，一些機構的高級管理人員貸款給自己、他們自己的其他公司、朋友和親屬，並且，所有的貸款享受折扣的貸款利息，而且還不用擔保。美國政府的調查顯示，那些出現問題的儲蓄和貸款機構中，至少有 25% 的機構有欺詐行為。

對大陸在香港的投資而言，國有企業的資金好比是已被"保險"的"存款"。中國大陸的《破產法》從 1988 年開始

生效，但作為處理破產清償的法律，它很少被使用。相反，
國家的財政資金和銀行系統卻要為國有企業承擔很大一部分
虧損(世界銀行，1993)。對投資的軟預算約束使大陸投資者
從事風險較大的投資，例如，對在香港的不動產和股票市場
進行投資。如果大陸的企業能在香港的股票市場上籌措到資
金，那麼香港的投資者或許會感到他們的投資在某種意義上
已有了"保險"。結果使得對大陸企業投資活動的監控缺乏積
極性，不能有效防止欺詐行為。

　　根據美國儲蓄和貸款機構的經歷，大陸在港的投資又
會怎樣呢？由於有以上所述的好處，大陸企業會從事高風險
的投資，對地產和股票市場的投機活動最終會增加。這樣，
國有企業有可能承擔損失，而支付損失的是大陸的納稅人。
經理和官員可以從風險投資的盈利中獲得個人的好處，在儲
蓄和貸款機構類似的例子中，或許還可以從欺詐中得到個人
的利益。由於大陸政府對國有企業從事的投資活動會予以支
持，因此，香港的股東或許也受到了某種"保險"，但這個保
險是不穩定的。

　　除了道德風險的問題之外，香港還因大陸政府和政府
官員在港投資而面臨了另外兩個問題。第一是某些投資的短
期化問題，無論是在經濟上還是在政治上，中國大陸都處在
轉型期。作為政府官員，這些投資者不知道他們的特權能維

持多長，這些特權包括用國家的資金投資海外。這樣就刺激
他們盡快進行投機，並盡快地獲取個人利益。這將會增加香
港金融業泡沫破滅的可能。[15] 第二，或許也是最重要的問
題，這些官員的投資的介入會破壞香港股票市場的聲譽。有
些投資者，直接參與大陸企業的決策，因此，會得到某些政
策變化的內部消息。福建控股有限公司是福建省政府的所屬
企業，以此企業為例，在 1994 年這家企業的利潤上升了
40%，其中三分之一是在香港買賣中小公司的股票而獲利
的。據報導，這家公司對與福建省有經濟往來的香港上市公
司的股票尤其感興趣。[16]

　　這些在大陸的內部交易行為無法完全受到香港股票市
場監管當局的控制。事實上，許多大的大陸投資者是中國大
陸最重要的決策者的後代。例如，據 Chan (1994) 的報告，
Silver Grand 國際工業有限公司和 Onfem 控股有限公司的
主席同大陸很重要的一位政治人物有着非常密切的關係。這
些內部信息和特權會引起股票投資市場上的利益衝突。事實
上，大陸政府和官員介入經濟活動的問題已經引起公眾的關
注。例如，據稱香港一位重要的商人最近成立了一個名為新
香港集團的公司，它的股東是由 13 家大陸政府企業組成，
其中 11 家同大陸政府的各部委機構有着關係。其中所屬大
陸國務院港澳辦 (制定大陸對港澳政策的機構) 的 1 家企業，

由於公眾指責其與大眾利益相衝突，而不得不撤走自己的股份 (Karp，1993)。大陸政府參與投資活動會對香港產生一些負面影響，破壞香港作為具有現代化的、有競爭力的、具有一定規範和效率的金融中心的良好聲譽。

　　最後，大陸在港的投資對中國大陸的經濟改革過程也有一些負面影響。中國大陸試圖使國有企業擺脫政府的控制，最近改革的一個重要內容是允許國有企業成立控股公司，目的是為了把地方政府對企業的控制權轉移給企業的管理者，使企業的管理者能具有較大的決策權。有些地方政府為此作出反應，它們收購香港的空殼公司，籌措資金，然後又在大陸開設工廠。因此，地方政府仍可以控制大陸的生產，因為表面上，這些公司是由香港的上市公司所控制的。有些籌措到的資本被用於加強和維持這些公司在大陸市場上的壟斷地位，因此，這些公司又直接或間接地為地方政府所控制。例如，"越秀投資"在香港籌資達 12.8 億港元，被用於收購三家在大陸的水泥廠。當新的水泥廠開工之後，這個企業將是大陸最大的水泥生產商，可以生產廣東省需求的一半水泥。[17] 雖然經濟被要求趨向自由化，但這種情況或許會製造和加深中國大陸今後的壟斷程度。大陸改革所要求的削弱地方政府與企業之間的聯繫，會因為目前大陸和香港在金融上的往來而減慢其進程。

註釋

① 這裏的資料是根據香港工業協會所作的調查。雖然調查提供了某些信息，但由於它只涉及到工業協會的成員，因此，它不是一個隨機樣本。

② 有關大陸在香港投資的詳細討論，參見 Fung (1996) 的論著。

③ 對這四大大陸企業的詳細討論，參見 Kao (1994) 的論著。

④ 有關中國銀行的介紹，參見 Chan (1994) 和 Kan (1996) 的論著。

⑤ 參見 Kao (1994) 和 Chan (1994) 對中國大陸在港資產的分析。

⑥ 1989 年的數據是由 Sung (1995) 和 Chan (1994) 所摘引。

⑦ 參見 Kan (1996) 的論述。

⑧ 有關這方面的詳細情況，參見 Low，Ramsetter and Yeung (1995) 的著作。

⑨ 有關對這五個階段的論述，參見 Lin，Ng and Tuan (1995)。

⑩ 參見 Sender (1993) 對中國大陸在香港地產市場投資的介紹。

⑪ 有關對轉口盈利的討論，參見 Fung 和 Lau (1996)。

⑫ 然而，中國大陸正在不斷的取消給予外國投資者的正式優惠政策，這部分反映了中國大陸為加入世界貿易組織的策略。

⑬ 參見 1994 年 3 月 19 日的《南華早報》。

⑭ 參見 Fung (1996)，Chen and Wong (1994) 以及 Chang (1994) 的有關數據和討論。

⑮ 然而，有些人認為中國大陸在港投資數量非常之小，不足以影響整個金融市場。

⑯ 參見 Chan（1994）和 Fung（1996）的詳細討論。

⑰ 參見 Chan 在 1994 年 2 月 2 日《明報》上的文章。

台灣的相關投資

7.1 台灣在中國大陸的投資

7.2 台灣與香港的投資關係

第 7 章

台灣的相關投資

7.1　台灣在中國大陸的投資

　　香港的內外投資都不受限制，台灣到中國大陸的投資
卻受到政府的管制，因此，它必須採取經第三者的間接投資
方式。但最近幾年，這些管制有所放鬆。1994 年，台灣對
中國大陸的投資進一步開放，允許在中國大陸投資具有新型
技術和資本密集型的產業。根據台灣投資委員會的資料，台
灣經濟部對於台灣企業可以在大陸投資和合資生產的產品，
增加了 285 種。在這一產品清單中，有 104 項是機械品，
85 項是紡織品，還有諸如鋼材、交通工具和電訊等產品。
經濟部還準備在不遠的將來，再開放 348 種產品。台灣已
列有 3,811 種勞動密集型的產品可以經第三者投資到大陸。
不過，對在台灣仍具有競爭性的產業，其投資不對大陸開
放，這包括催化劑、針織品、人造革、薄玻璃和玻璃纖維。
雖然有人認為，大陸對台灣也有投資，但卻沒有具體的數
據。我們也不認為大陸會在台灣有大量投資。因此，在本章
中，筆者只探討台灣在大陸的投資。

7.1.1　台灣在中國大陸的投資量

　　有關台灣在大陸的投資，由於有些屬於非法投資，有
些則可能為逃稅而沒有向政府申報，因此，台灣方面的資料

可能並不準確。表 7.1 是根據大陸資料概括的 1990 至1995年台灣在大陸的投資。

表 7.1　台灣各年在中國大陸的投資（協議資金）

（單位：億美元）

年份	數量
1990	8.9
1991	13.9
1992	55.5
1993	99.7
1994	54.0
1995	58.5

資料來源：各年的中國對外經濟關係和貿易。

根據大陸的記錄，台灣到大陸的投資始於 1983 年，直到 1988 年，項目的數量增長不大。截至 1987 年底，台灣的公司在大陸的投資總額為 1 億美元，分布在 80 個項目中。到 1988 年底，增加到 5.2 億美元，投資項目為 435 個。截至 1993 年，在大陸累計的台灣投資超過 90 億美元。

以協議資金計算，台灣在大陸的投資僅次於香港。但儘管增長迅速，台灣累計的投資量仍只有香港的 12%。目前，在大陸的台灣投資項目超過 10,000 個，但在報稱的數據上存在着一些問題。台灣企業經常合法或非法地以第三者的名義在大陸投資，因此，這會降低他們實際的投資額。然而，與香港在大陸投資的情形相類似，台灣企業經常抬高他們進口設備的價值，這又誇大了他們的實際投資額。把這兩種因素平衡以後，台灣在大陸的投資數額似乎仍比實際投資數額要小。

7.1.2　台灣在中國大陸的投資分類

　　台灣官方登記數雖然不準確，但仍對台灣投資的類型提供了一個大致情況。台灣登記的投資額比中國大陸記錄的要低，這是因為他們用的是實際數，而且，有些台灣公司對它們在大陸的投資沒有向政府申報 (由於非法性)。表 7.2 是根據台灣的數據對台灣在大陸的投資按產業分類進行的概括。

　　台灣在大陸的投資已擴展到很多領域。在製造業中，投資就涉及化工、建築材料、電子零件、電器、汽車配件、計算器、機械工具、機械和其他技術密集型產業。投資還在製造業以外的領域中不斷增加，它包括房地產、服務業、銀行、旅遊業和農業等。

表 7.2　台灣在中國大陸投資的產業分類

產業	1992	1993	1994
農業	—	15,740　（0.6%）	2,330　（0.2%）
礦產		3,065　（0.1%）	2,647　（0.3%）
食品和飲料加工	46,415　（18.8%）	324,554　（12.0%）	145,846　（13.8%）
紡織品	18,776　（7.6%）	178,546　（6.6%）	41,853　（4.0%）
服裝和鞋類	11,046　（4.5%）	104,299　（3.8%）	25,085　（2.3%）
木材和竹製品	7,554　（3.1%）	145,114　（5.3%）	22,463　（2.1%）
紙漿和製品	6,824　（2.8%）	94,328　（3.5%）	12,359　（1.1%）
皮毛	5,032　（2.0%）	54,092　（2.0%）	4,569　（0.4%）
塑料和橡膠製品	56,364　（22.8%）	498,125　（18.4%）	94,096　（8.9%）
化工產品	14,586　（5.9%）	186,296　（6.9%）	89,346　（8.5%）
非金屬礦產品	6,999　（2.8%）	185,438　（6.8%）	82,607　（7.8%）
金屬和金屬製品	17,147　（6.9%）	258,001　（9.5%）	90,328　（8.6%）
機械設備和儀器	2,612　（1.1%）	58,811　（2.2%）	201,173　（19.0%）
電器和電子器具	37,837　（15.3%）	443,509　（16.0%）	157,011　（15.0%）
建築業	—	10,605　（0.4%）	2,728　（0.3%）
貿易	—	29,697　（1.1%）	7,572　（0.7%）
批發和零售業	—	41,061　（1.5%）	13,564　（1.3%）
銀行和保險業	—	2,443　（0.1%）	—
運輸業	—	7,295　（0.3%）	35,692　（3.4%）
服務業	—	68,257　（2.5%）	20,031　（1.9%）
其他	15,800　（6.4%）	5,122　（0.2%）	4,298　（0.4%）
總計	246,992　（100%）	2,714,418　（100%）	1,055,598　（100%）

註：數字單位為一千美元，括號中的數據是佔台灣在大陸總投資的
　　比例。

資料來源：台灣各年的經濟事務部投資委員會資料。

7.1.3 台灣在中國大陸的投資發展

　　台灣在大陸投資的發展趨勢除以上所述，還有另外一些趨勢。

　　首先，台灣在中國大陸的投資地點在分散化。以往，大多數投資集中在福建和廣東兩省，以及廈門（佔總投資的12%）、深圳（15%）、上海（11%）和福州（6%）四個城市。最近幾年，投資擴散到大陸的其他不同地區。同時，投資的規模也從中小型企業發展到中型和大型企業。另外，台灣在中國大陸的投資，一般項目的投資規模平均低於 100 萬美元（與其他國家在大陸 150 萬美元的平均投資規模相比），但新項目的平均投資規模有所上升，對已有的在大陸的投資項目要麼增加了投資額，要麼提高了工廠的等級。

　　用台灣提供的數據，我們可以看到台灣在大陸投資的形式也有所改變。以往大多數投資集中在勞動密集型產品，如紡織品和服裝、塑料和橡膠製品以及電器和電子產品等。這些產品在 1992 年佔台灣已有投資的 65%。但隨後，投資方向似乎有了變化，如 1994 年在化工、機械和金屬方面的投資額已上升到了 40%（見表 7.2）。

　　台灣早期在大陸投資時，大多數投資者採取的方式是合資和合作形式，現在的發展則更傾向於獨資企業。同時，由幾個台灣公司合組成集團進行聯合開發的形式也有所增

145

加。投資從轉讓舊的、過時的設備發展為投入全新的生產線，並從勞動密集型的加工業轉向高水平的資本密集型產業。

以往台灣投資者租用工廠，投資回報率快的短期項目，他們通常從台灣獲得 60% 至 80% 的原料，然後加工為成品後用於出口。但在最近幾年，他們更傾向於 20 年至 30 年的長期投資，甚至願意租用土地，在中國大陸建造自己的工廠。

台灣在大陸投資的主要原因是利用大陸廉價的土地和勞動力，以保持產品在國際上的競爭力，其次是為了在不斷擴大的大陸市場中保持競爭優勢，還有就是為了市場風險的分散，以及隨着技術的變化而調整某些已有的設備。大陸的稅收和其他的政策優惠也是一個重要的因素，但在一些調查中，顯示出這並不完全是台灣在大陸投資的最主要原因。

總之，我們希望台灣今後能繼續在中國大陸進行大量的投資，並且朝着更加長期化、資本更加密集和更具有技術難度的產業發展。隨着時間的推移，中國大陸的消費者將會更加富裕，台灣的投資者則將會更着眼於不斷擴展的大陸市場。

7.2 台灣與香港的投資關係

7.2.1 香港在台灣的投資

1952 年香港是台灣唯一的外國直接投資。60 年代，香港在台灣作為外國投資者的重要性有所下降，但仍佔 60% 以上的比例（見表 7.3）。70 年代，美國和日本的外國直接投資大量湧入，使得香港在台灣的投資比例進一步下降，大

表 7.3 香港到台灣的直接投資

年份	項目數	百萬美元	百分比（%）
1952	5	1.067	100
1960	4	0.714	62.9
1970	51	8.341	28.1
1980	22	39.47	8.5
1989	69	248.2	10.3
1990	58	236.0	10.3
1991	68	128.6	7.2
1992	53	213.0	14.6
1993	48	169.3	14.0
1994	—	250.7	15.4

註：數字以經認可的為計算基礎。百分比是佔整個台灣外國直接投資的比例。

資料來源：中華民國各年的對海外、外國投資、技術合作和大陸間接投資的統計；"中華民國外交部投資委員會"各年的統計。

約為 20% 至 30%。截至 1992 年底，按累計投資額計算，香港是台灣的第三大投資者。

與其他外國投資者相比，香港在台灣的外國直接投資的規模也趨於下降。[①] 1994 年從香港到台灣的外國直接投資（按經認可的數量）為 2.5 億美元，佔台灣總外國直接投資的 15%。隨着 1997 年的來臨，有人認為香港投資者為了不受大陸政府的影響，將在香港附近建立基地，這樣香港到台灣的投資會急劇上升。但香港方面卻表明，到台灣投資的這一動機根本微不足道。1989 年香港在台灣的外國直接投資中，30% 是在製造業。[②] 到了 1994 年，下降到了 3%，而超過三分之二的外國直接投資是在貿易領域。

7.2.2 台灣在香港的投資

1987 年以前，台灣在香港的外國直接投資並不重要，1986 年台灣到香港的外國直接投資只有 25.5 萬美元（見表 7.4）。在 1987 年，台灣政府改變政策，允許台灣公民探望在大陸的親屬（Lee，1995）；同年，台灣還放鬆了外匯管制（Kao，1994）。台灣商人因此可以到香港設立機構，並可以間接地到大陸投資。結果使 1987 年台灣在香港的投資額一下躍升至 128 萬美元。此後，台灣在香港的外國直接投資不斷增加。

表 7.4　台灣到香港的直接投資

年份	數額	比例（％）
1981	3,212	2.98
1982	76	0.65
1983	638	6.04
1984	26	0.06
1985	314	0.76
1986	255	0.45
1987	1,283	1.25
1988	8,060	3.69
1989	10,372	1.11
1990	33,092	2.13
1991	199,630	12.10
1992	54,447	──

註：數字單位是一千美元，比例是指佔台灣總的在海外的外國直接
　　投資的份額。
資料來源："中華民國外交部投資委員會"海外和外國投資技術合
　　　　作、大陸間接投資的統計。

　　以累計數來計算，至 1986 年底，台灣在香港的投資總
額達到 837 萬美元，佔台灣海外直接投資的 3.1%。到了
1992 年底，達到了 3.15 億美元，佔台灣海外投資的 5.6%。
根據估計，截至 1991 年底，台灣在香港投資的累計數在 25
億至 30 億美元之間，遠遠高於台灣公布的數據（Sung，
1995）。

　　台灣大多數在香港的投資集中在貿易、金融、銀行業和服務業。在 1994 年，台灣在香港的投資中，只有 3% 的投資是在製造業 (Lee，1995)。最近幾年，多達 5,000 家台灣公司在港設立機構，負責有關大陸市場的業務 (香港貿易發展局， 1994)。

　　由於台灣放鬆了對大陸投資的限制，因此，為了間接投資和貿易而在香港的投資便不十分重要了。但同時，香港仍是中華經濟圈金融和航運的中樞，大陸經濟的繁榮需要在香港有更多的台灣商人。以筆者之見，這一總體上的"收入"效應比任何其他潛在的"替代"效應更為重要。③簡而言之，希望台灣在香港的投資會長期不斷地增長。

註釋

① 參見 Kao (1994) 的一些討論。

② 詳細情況參見 Lee (1995)。

③ 隨着大陸越來越富裕,對金融中介、保險、運輸的需求會上升,這意味着外國投資者不得不在香港投資,這就是收入效應。由於台灣更多地採取到大陸直接投資和貿易的方式,這將會使到大陸直接投資替代經香港的間接投資,這就是替代效應。

貿易與投資整合的影響

第8章

貿易與投資整合的影響

8.1　對香港的影響

如前所述，香港與中國大陸的密切交往通過多重渠道進行，包括直接進出口、轉運和再出口、外加工貿易、外國直接投資、貸款和資本品的再出口等。香港與大陸的經濟聯繫對香港又會產生何種影響呢？

大陸與香港在貿易和投資方面的整合不斷加強，會對香港產生三方面的主要影響：第一，大陸經濟的自由化將促進香港的繁榮。由於大陸的開放，香港的廠商會有更多機會利用大陸的市場，轉口貿易也會興旺發展（參見第 2 章）。香港的貿易商、銀行和保險公司會因為香港地理上的優勢和對大陸體制的良好認識而從中受益。通過在大陸的轉承包和外國直接投資，香港的出口商會利用大陸廉價的土地和勞動力，保持和改善香港在國際市場上的競爭力。所有這些有利因素都將增加和創造新的財富，提高香港的生活水平。不過，需求的上升也將引發通貨膨脹（Wong，Lieu and Siu，1991）。

第二，隨着出口機會的增加、大陸市場的發展，以及為大陸貿易和投資提供服務和便利，將使得香港勞動力市場趨於緊張。而向海外移民的現象又更加惡化了勞動力市場，即使最近已有越來越多的人又回流到香港。總的來說，香港

155

與大陸的不斷整合導致了香港的低失業率。

第三，隨着工資和租金不斷上漲（部分是受到大陸的推動），香港越來越多的製造商把生產設備轉移到了大陸。由於香港的生活成本不斷上升，這種轉移是十分自然的。今後，香港與大陸的貿易和投資往來還會日益加強，隨着大多數低級和高級的製造業生產轉移到大陸，結果將導致相當程度的非工業化。這一結構轉型過程發生得非常迅速和徹底，因此，如前所述，雖然按國際水平衡量，香港總失業率依然保持在低水平，但它掩蓋了許多製造業工人就業轉軌的困難，這些工人需要接受新的技術，轉移到不斷拓展的服務領域中去就業。這對年齡在 40 歲以上，還不到退休年齡的工人來說尤為困難。

通貨膨脹、緊張的勞動力市場以及非工業化是香港與大陸貿易和投資整合帶來的三個主要影響。為了檢驗這一結論的充分性，我們做了一些隨機測試，檢驗香港通貨膨脹與大陸經濟活動之間的聯繫。[1] 我們發現，在總體上，大陸的名義國民生產總值引起了香港通貨膨脹水平的上升。這個趨勢至少證明了香港的通脹，部分是由於大陸因素所影響這一假設。更令人驚奇的是，我們也發現，香港通脹率的上升反過來也引起了大陸名義國民生產總值的提高。這一發現很好的說明了大陸經濟增長至少有一部分是受香港經濟活動

影響的事實。根據估計，香港國民生產總值超過大陸 20%
（世界銀行，1993），因此，香港經濟對大陸發生重要影響是
不足為奇的。[2] 這一結果說明了另一個事實，即大陸對香港
的經濟無疑是重要的，但同時香港的經濟對大陸也有着同樣
的重要性。

8.2　對台灣的影響

　　當香港全身心投入開放的中國大陸時，台灣與中國大
陸的經濟關係卻總是不十分明確。這無疑是由於雙方在政治
上陷入敵對狀態所致，包括 1996 年發生的大陸軍事演習等
事件，進一步加劇了兩岸的緊張局勢。但是，由於越來越多
的台灣工廠跨過台灣海峽，遷移到了大陸，因此，台灣對其
工業的命運不免產生了擔憂。也因為這些擔憂，一些台灣的
研究偏重於中台關係對台灣經濟的影響。

　　就貿易方面來說，大多現有的研究對台灣從中台貿易
中受益的情況有所概括。Yeh and Chow (1989) 認為大陸是
為台灣提供原料的一個非常重要的新來源地，對台灣市場的
穩定起到了積極的作用。Ou-Yang，Lin and Chou (1991) 估
計，1990 年由於間接出口到大陸而引起的台灣產值的增長
接近 70 億美元。

　　然而，台灣最擔心的還是在投資領域。Chang and Shih (1989) 發現，1988 年台灣在大陸的投資使貿易增加了 3.9 億美元。其後，Chao (1990) 的一項研究也發現，由投資帶動的中台貿易在 1989 年達到 20 億美元。然而，Yen (1991) 的研究則表明，在 1988 年，台灣資本流向大陸，總體上對台灣的工業具有負面影響。最近，中華經濟研究院 Kao (1993) 提供的一份研究報告中，也認為台灣資金的外流導致了台灣本土投資的下降，總體上對台灣工業的產出具有負面影響。

　　如前所作分析來看，站在台灣的立場，他們主要擔憂的是產業"空洞化"。那麼，是否是中台經濟的交往導致了台灣大規模產業下降呢？我們對此作了一些簡單的隨機測試，檢驗這是否是台灣產業"空洞化"的原因。[3] 在幾項測試中，我們得到了以下結果：第一，在投資方面，台灣在大陸已有的外國直接投資引起了台灣製造業、輕工業和製造業工人平均收入的增加，而不是下降。第二，有資料顯示，台灣到大陸投資的增長是由於各類增長指標的下降，包括製造業、輕工業和製造業工人平均收入下降等。第三，並沒有證據顯示，台灣出口到大陸會對台灣製造業的各種表現有消極影響。

　　因此，在總體上並沒有證據可以證明中台經濟交往會導致台灣產業的空洞化。然而，有很多證據顯示，台灣製造業競爭力的喪失導致了其與中國大陸的經濟往來。一般而言，台灣工業的重組似乎使台灣對大陸的出口更為增加，而不是表現在其他方面。此外，有資料顯示，台灣在中國大陸的外國直接投資無論是在產出還是在工人收入方面，都有利於台灣。

8.3　對中國大陸的影響

有關對中國大陸的影響，有很多關於外國直接投資和貿易對其經濟增長具有重要影響的論述。許多人認為，大陸的經濟發展遵循了亞洲小龍典型的發展道路，它的發展是出口導向型的，並將繼續沿着這條道路走下去。如同日本和"四小龍"一樣，中國大陸先是出口勞動密集型產品，隨後不斷提高產品的附加值和技術等級，出口微電腦和芯片等高科技產品。有些悲觀人士認為，由於發達國家對本國工業的保護，不會再從像中國大陸這樣的國家進口大量價格低廉的產品，因此，中國的出口導向型增長將是短暫的。表 8.1 提供了一些數據，概括了貿易和外國直接投資對中國大陸經濟發展的重要性。

從表 8.1 可以清楚看到，外國直接投資是中國大陸經

表 8.1　外國直接投資對中國大陸經濟的貢獻

	89	90	91	92	93
註冊的外國企業	18,970	25,390	37,220	45,000	50,000
外國企業的僱工人數（百萬）	3.25	3.26	4.83	6	10
佔總就業的比例（％）	2.37	2.32	3.33	4.06	6.6
佔工業總產值的比例（％）	—	3.6	5	6	
佔固定資產投資的比例（％）	6.63	6.25	5.74	8	10

資料來源：Cheng（1995），表 18。

(160)

濟的一個重要組成部分（雖然不是決定性的）。1992 年外國直接投資佔大陸工業生產的 6% 和固定資產投資的 8%。1994 年分別為 3.4% 和 15%（表 8.1 中沒有顯示這個數據）。這些數據並沒有清楚地說明外國直接投資對中國經濟發展的重要性。為了進一步了解這一方面的情況，我們也對大陸的國民收入與出口和投資關係進行了隨機性測試。④ 以下是總體上的結果：第一，大陸名義國民生產總值和國內生產總值的增長導致了大陸對外出口的增長，也引起了實際利用外國直接投資的增長。第二，並沒有有力的證據顯示，大陸名義國民生產總值和國內生產總值的增長是由對外出口和外國直接投資所引起。⑤

　　毋庸置疑，雖然外國直接投資和大陸的對外出口有利於經濟的增長（尤其是在南方地區），但上述的測試提供了另外一個重要的信息，即中國大陸國內的經濟改革才是國民生產總值和國內生產總值增長的最重要動力。成功的經濟開放會吸引更多實際的外國直接投資。對外經濟在促使經濟朝着市場經濟發展的過程中具有重要的作用。對外貿易和外國直接投資給大陸帶來了新的觀念、新的生產技術、新的管理技巧和新的資本構成。但中國大陸經濟增長同對外經濟之間的關係反映在多個不同方面。尤其是外貿和外資企業在不同方面使中國大陸的經濟受益。因此，即使外貿和外國直接投資沒有直接促使中國大陸的經濟增長，也對中國大陸經濟體制的改革發生了影響。要使經濟進入國際市場，就必須進行法律和制度上的改革，從而加速經濟體制向市場經濟過渡的進程。從長遠看，這無疑又會促使整個大陸經濟的增長。

　　在有關中國大陸經濟增長的問題上，我們贊同 Lau (1994) 提出的假設，中國大陸的內部市場將是經濟發展的推動力。中國大陸的經濟發展過程將不同於必須依賴出口而促進經濟增長的 "四小龍" 和日本。中國的經濟增長將同美國相類似，主要取決於國內大市場。在美國的經濟發展過程中，外貿和外資曾起着重要的作用，尤其是在發展的早期，但不久國內市場便成為經濟發展的決定因素。

註釋

① 我們使用 Granger (1969) 的標準方法進行檢驗。格蘭傑因果性 (Granger Casualty) 的基礎無疑是用以往數據預測現在和將來，而不是以將來的數據預測現在和過去。假如事件 A 會引起事件 B (Granger 原因)，那麼只要把 A 的過去值進行冪次方計算就可得到 B 的現在值。我們在 (1978-1993) 時間序列上對香港通脹率與大陸國民生產總值及其增長率進行了基本的測算。

② 筆者並沒有必要保證某項對大陸國民生產總值估計的正確性，筆者只是指出一種可能，即相對於大陸，香港已不是一個小的經濟體。

③ 按時間序列 (1978-1992) 對於台灣對大陸的出口和投資與其製造業的各項指標的關係進行了標準隨機測試。

④ 按時間序列 (1978-1992) 對中國大陸國民生產總值、國內生產總值的增長率、出口和外國直接投資的關係進行了隨機測算。

⑤ 有關詳情，參見 Fung (1995)。

結語

第 9 章

結語

　　本書有兩個目的：第一，對中國大陸、香港和台灣之間的貿易和投資關係這一領域進行最新的研究；第二，對這一重要問題提供一個全面的概述。中國大陸、香港、台灣之間的貿易和投資關係是政策研究中一個非常迫切和重要的領域。在政治上，1997 年 7 月之後，香港和中國大陸是以"一國兩制"的架構融為一體；在經濟上，三個經濟體將在沒有任何正式官方協定的情況下不斷整合。通常被稱為中華經濟圈的這三個經濟體，國內生產總值在 1994 年達到 2.3 萬億美元，1994 年實際上已成為世界上第四大出口商。本書研究的目的在於揭示出中華經濟圈成員之間發生貿易和投資往來的制度背景、特徵和決定因素，以及中華經濟圈與諸如美國、日本等國家的經濟關係。

　　三個經濟體之間的貿易關係有幾個特徵：轉口、與外國直接投資有關的貿易，以及"非法"貿易。中國大陸在 1995 年，有 55.3% 的出口和 37.6% 的進口是通過香港進行。最近，經香港的轉運增長迅速，遠遠超過轉口的增長速度。這一情況也發生在大陸與台灣經香港的貿易方面。實際上，大量的香港貿易已存在這樣一個事實：轉運已成為香港這個中轉港經濟活動中的一個重要部分。

　　轉口使大陸與貿易夥伴之間的貿易數據更為複雜，直至 1993 年，中國大陸才把經香港的轉口貿易從一般貿易中區分開來。例如，如果我們考慮到轉口和轉口加成利潤，那麼，美國與中國大陸的貿易赤字必須減少約 100 億美元。

如果我們把中國大陸、香港和台灣當成一個經濟整體，那麼它與美國的貿易順差似乎基本上是比較穩定的。這是因為發生了赤字的轉移，即由於台灣和香港把工廠轉移到了大陸，使得美國與中國大陸的赤字上升了，與台灣和香港的赤字則縮小了。這也間接說明了三個經濟體已緊密地聯繫在一起。

大陸與香港貿易中很大一部分是屬於外加工型的貿易。1995 年香港從大陸進口中的 74.4% 是與外加工有關的。香港本地產品出口到大陸的數量中，與外加工相關的為 71.4%。大陸經香港轉口到海外的產品中，與外加工有關的達到 82.2%，經香港轉口到大陸的則為 45.4%。如果我們以此來比較一下美國與墨西哥的類似情形，就會得出中港的經濟整合程度要比美墨來得高這一結論。

如果把中國大陸、香港、台灣三個經濟體當作一個整體，我們發現用那些非常簡單的因素，例如國民生產總值、人均國民生產總值、與貿易夥伴地理上的距離以及貿易夥伴是否所屬某一個區域集團（例如，北美自由貿易區、亞太經合組織以及歐盟等）等因素，便可以很好地解釋中華經濟圈的貿易。尤其要指出的是，來自於中華經濟圈的出口不僅有利於其自身國內生產總值的增長，同時對其貿易夥伴的國內生產總值以及人均國內生產總值的增長也具有積極的意義。中華經濟圈對那些邊界與自己接壤的貿易夥伴（即在東亞的國家、亞太經合組織成員）以及歐盟成員國出口較多，在相同的條件下，對拉美國家的出口則較少。

大陸與台灣的"非法"貿易主要是台灣"不直接貿易"的政策所導致。大多數從台灣出口到大陸的合法貿易是經香港的轉口。1992 年從台灣到大陸的直接出口佔了間接出口的 52% 至 60%。

在投資方面，香港至今是大陸最大的外來投資者，其次是台灣。另一方面，雖然沒有詳細的數據，但在 1993 年，大陸似乎已成為香港最大的外國投資者。

截至 1995 年，中國大陸累計在香港的投資達到 250 億美元，可以肯定地説，其中 90% 不是投資在製造業。1992 年的數據反映了只有 2.65% 至 4.4% 的投資是在製造業，有 10% 至 16.7% 是在香港的地產業。在製造業中，主要的投資是在交通設備、電器、紡織品和服裝領域。而且，在這些領域投資的大陸企業，似乎頗願意同香港本地的企業聯手合作。

大陸在香港投資有很多理由。這包括利用香港市場賺錢、為大陸經香港到世界其他地區的轉口貿易提供服務、繞

167

過西方對高科技出口的管制、逃避大陸在外匯和其他方面的管制、利用香港作為進一步投資海外的窗口，以及利用香港資本市場集資等。

近幾年來，台灣在大陸的投資日趨分散，並擴散到諸如化工、電器和機械工具等資本密集型和技術密集型的領域。同時，台灣在非製造業的投資也在不斷增加，如銀行業、不動產和農業等。

中華經濟圈的不斷整合對各成員在經濟上又有哪些影響呢？在本書中，我們強調三個方面的重要影響：(1) 相互依存：中國大陸對香港來說無異是至關重要的，但香港對大陸也具有同樣的重要性；(2) 不存在"空洞化"：台灣同大陸和香港的貿易和投資往來有助於台灣的經濟發展；(3) Fung 和 Lau 的假設：中國大陸的對外經濟領域對經濟的發展起了重要的作用，但外部經濟領域的作用是多方面的，對外貿易和投資不是、也不可能是大陸經濟增長的最重要因素。

香港與大陸不斷的經濟整合對其自身有三方面的影響：通貨膨脹、勞動力市場的緊張，以及工業化程度的下降。我們發現大陸名義國民生產總值的增長引起了香港通脹水平的上升，但同時也有資料顯示，香港通脹率的上升也引起了大陸名義國民生產總值的上升。這意味着香港和大陸的經濟是相互依賴的。

上述結論並不是甚麼新的發現，只是值得加以再次強調。從規模上看，香港的經濟是大陸的五分之一，隨着大陸與香港貿易和投資往來的不斷增加，香港對大陸的重要性是不足為奇的。大陸當局保證香港回歸後仍可保持自由經濟制度 50 年不變，這充分顯示了大陸認識到香港在大陸未來經濟發展過程中的重要性。

困擾台灣與大陸經濟關係發展的一個主要問題是擔憂本土產業的"空洞化"，即大批台灣的工業轉移到大陸。我們認為這無足憂慮。相反，有證據表明，台灣在大陸實際的外國直接投資使台灣製造業的生產和收入均有所增長。而情況似乎是，由於面臨工資和土地成本上升，以及貨幣高企等問題，台灣還要不斷地進行工業重組，而工業重組會增加與大陸的貿易和投資往來。如果沒有與大陸的聯繫，有些製造業就會消失。因此，總體來説，台灣與大陸的經濟合作有利於台灣的經濟發展。

最後需要指出的是，對外貿易和外國投資對中國大陸發展的重要性已有許多論述，雖然我們在一定程度上同意這些觀點，但我們發現，在更大程度上，是大陸名義國民生產總值或國內生產總值導致了出口和外國直接投資的增長，而不是因為其他方面的因素。一個可能的解釋是，大陸國內的改革對國民生產總值至關重要。成功的改革引起了國民生產

169

總值的提高，其結果也使得出口和外資隨之上升。

對外經濟領域對大陸的發展確實起到了重要的作用，尤其是在大陸的南方地區，外貿和投資為大陸帶來了資本、技術以及管理技巧等。對外經濟領域對大陸的體制構建也起到了關鍵性作用，"三資"企業的興起和面對外國市場的競爭使大陸生產者懂得如何按市場規則經營，例如按期交貨、提高產品質量、提高自己的信譽等。如何提高自己在國內外市場上的競爭力對促進大陸的生產力具有十分重要的作用。

以上的這種理解與 Lau (1993) 的論文提出的觀點是相一致的。Lau 的文章提到，中國大陸與香港、台灣、南韓和新加坡"四小龍"的發展模式不相同。"四小龍"走的是出口導向型的發展道路。與之相反，中國大陸作為一個大國，無法依賴出口來成為經濟發展的主要動力。中國大陸也無法達到"四小龍"那樣的人均出口值的水平，世界上還不存在那樣大的市場。

相反，中國大陸只有通過開發國內市場來取得規模經濟的效益。未來中國的經濟增加同美國 19 世紀末期走內部發展的道路十分相似，因此將不同於日本和"四小龍"的模式。在美國，資本和技術的引進起了重要的作用，隨着國內市場的開發，國內需求的增加使經濟得以持續增長。

我們並沒有任何意思要改變中國大陸的開放政策，尤其是貿易和投資體制的自由化。相反，我們認為對外經濟發展對經濟的增長有着多方面的作用，外貿和投資往來對中國大陸的經濟增長仍然起着重要的作用。它們帶來新的觀念、鼓勵競爭、引進技術、提供所需的資本、促進體制向市場經濟的方向發展。對外經濟領域無異是十分必要的，但卻不是構成經濟增長的充分因素。

我們對未來寄予哪些希望？我們希望中國大陸在 1997 年 7 月之後能繼續發展，與台港的貿易和投資活動能進一步加強。長期的基本經濟因素令人對此十分樂觀，香港將繼續成為本地區的貿易和服務中心。由於大陸將會繞過香港更多地直接與台灣和其他國家發生經濟往來，某些貿易和投資活動會有所下降。不過，這一"替代效應"將會被"收入效應"遠遠超過：地區性的經濟繁榮將引發對香港各種服務業需求的提高（例如金融、貿易和運輸等）。因此，香港貿易和投資的產值將會出現淨增長。①

經過一段時間後，中國大陸政府通過學習和實踐，會逐漸找到適當的方式推行"一國兩制"，以達到維持香港經濟穩定的目標。根據大陸以往經濟改革的情況，筆者認為找到正確的相關政策的機會是很大的。

今後，台港對大陸的投資仍會上升，但這些投資將着重於開發大陸市場，而不只是把大陸當成低工資的後方。隨

171

着大陸技術水平的提高，台港可以結合大陸的高科技企業，制定良好的發展策略，在大陸建立更多的研究和開發實驗。隨着今後的發展，三個經濟體在貿易和投資方面的相互影響會使貿易和投資的發展更趨複雜和多元化，並使各自獲得更大的收益。

中國大陸與其他國家的經濟關係將進一步得到發展，這不僅將對中國大陸的經濟產生影響，同時對台灣和香港也將起到一定的作用。在與中華經濟圈成員之外的貿易夥伴所進行的貿易中，中國大陸同美國的關係尤為重要。[2] 1996 年中國大陸對美貿易所享受的最惠國待遇又得到了延續，使兩國的貿易又能正常地展開。即使美國國會的一些議員要求對中國大陸侵犯人權的行為予以取消最惠國待遇的制裁，但克林頓政府還是把最惠國待遇與人權問題分開來。

儘管最惠國待遇有可能會得到延續，但從許多方面來看，未來的中美貿易關係仍會有惡化的可能。一個主要的爭執點是雙邊貿易赤字的增加。經濟學家長期認為，雙邊的貿易不平衡與市場開放措施關係不大。然而，美國決策者堅持認為美國對華貿易赤字是缺乏進入中國大陸市場的渠道所引起的。

如我們之前所討論的那樣，中國大陸對美國貿易順差的一個重要問題是發生在計算和統計的方法上。我們的計算結果顯示，中美雙方的官方數據都有錯。除了這些數據上的問題之外，美國的許多觀察家對中國大陸在 1996 年首次超過日本成為對美最大的貿易順差國感到震驚。華盛頓的一個普遍的看法認為，中國大陸將是第二個日本。日本長期以來一直是對美貿易的順差國，包括克林頓總統在內的大多數美國決策者認為日本是一對他國不公平的貿易夥伴。

中國大陸是否即將加入世界貿易組織？這是一個對中美雙方均關係密切的問題，因為美國在中國大陸加入世界貿易組織的過程中，是最具決定力的國家。中國大陸加入世界貿易組織對自己及其貿易夥伴來說在長遠發展上都是有利的。從中國大陸的立場來看，成為世界貿易組織的成員能使自己受到保護，避免各種對進口實行限制的貿易壁壘；貿易紛爭可以通過世界貿易組織的渠道加以解決，而免於貿易雙方受到貿易戰的威脅。同時，成為世界貿易組織成員意味着對開放各自國內市場的承諾，這將有助於經濟效益的提高。

中美雙方對中國大陸加入世界貿易組織，都存在一定的反對意見。美國的決策者把中國大陸視為第二個日本，因此，在中國大陸還沒有成為真正的經濟大國之前，必須把一套強硬的貿易準則加在中國大陸的頭上。美國的許多政治家認為，在以往的 50 年中，美國單邊開放市場是為了在冷戰時期為盟友提供市場，在冷戰結束之後，沒有理由讓中國大陸這樣一個新興的經濟大國"搭便車"。因此，假如美國同意中國大陸加入世界貿易組織，在加入的條件上要有利於美國的經濟。

即使是在中國大陸，加入世界貿易組織也並非得到廣泛支持。從狹義的國內企業和工業受到進口商品競爭的角度上看，中國大陸最好盡可能地不要加入世界貿易組織。還有些人建議中國大陸採用日本的發展模式：首先保護和培育國內的重要產業（包括高科技產業）；當國內產業有了競爭力，再加入世界貿易組織。

中國大陸加入世界貿易組織既是經濟上的問題，也是政治上的問題。鑑於此，總要找到一個雙方均能接受的辦法，因此，談判似乎還將繼續。

| 註釋 |

① 另一個可能的情況是香港專注在較窄範圍（而盈利能力相同）的服務性行業發展。

② 有關中國大陸與美國和其他貿易夥伴的經濟關係的詳細情況，請參閱 Lau (1996) 和 Fung and Lau (1997) 的論著。

附錄

重力模型的回歸

重力模型的回歸

一、一些變量的定義

LT　　　　在 t 年中以百萬美元為計算單位，中華經濟圈
　　　　　與貿易夥伴 i 之間的進出口總值的對數。資料
　　　　　來源：聯合國COMTRADE 數據庫。

LEX　　　在 t 年中以百萬美元為計算單位的，中華經濟
　　　　　圈出口到貿易夥伴 i 的出口值的對數。資料來
　　　　　源：同上。

LIM　　　在 t 年中以百萬美元為計算單位的，中華經濟
　　　　　圈從貿易夥伴 i 進口的商品進口值的對數。資
　　　　　料來源：同上。

LGDP　　在 t 年中以百萬美元為計算單位的，中華經濟
　　　　　圈貿易夥伴 i 國內生產總值的對數。資料來源：
　　　　　世界銀行 BESD 數據庫，國際貨幣組織 IFS 數
　　　　　據。

LGDPPC　在 t 年中以百萬美元為計算單位的，中華經濟
　　　　　圈貿易夥伴 i 人均國內生產總值的對數。資料
　　　　　來源：同上。

LGDPO　　在 t 年中以百萬美元為計算單位的，中華經濟
圈總的國內生產總值的對數。資料來源：世界
銀行 BESD 數據庫。

LDIST　　中華經濟圈主要港口與貿易夥伴國家 i 平均直
線距離（英哩）的對數。資料來源：世界銀行數
據庫。

BOR　　　如果貿易夥伴國家 i 是與中華經濟圈接壤的國
家，則假設虛變數的值為 1，其他國家則為 0。
資料來源：同上。

EASIA　　如果貿易夥伴國家 i 是東亞國家，則假設虛變
數為 1，其他國家為 0。資料來源：同上。

APEC　　如果貿易夥伴國家 i 是亞太經濟合作組織成員
國，則假設虛變數為 1，其他國家為 0。資料來
源：同上。

EU　　　如果貿易夥伴國家 i 是歐盟成員國，則假設虛
變數為 1，其他國家為 0。資料來源：同上。

NAFTA　如果貿易夥伴國家 i 是北美自由貿易區，則假
設虛變數為 1，其他國家為 0。資料來源：同
上。

LA　　　　　如果貿易夥伴國家 i 是拉丁美洲國家，則假設
　　　　　　虛變數為 1，其他國家為 0，資料來源：同上。

二、我們得到的基本方程式如下：

$$LT = a + b1LGDPO + b2LGDP + b3LGDPPC + b4LDIST + b5BOR + b6EASIA + b7APEC + b8EU + b9NAFTA + b10LA + u$$

一切按以上的定義。u 是誤差項。bi（＝1...10）是估計的系數。我們沒有包括中華經濟圈的人均國內生產總值，這是因為它與中華經濟圈國內生產總值相關。我們有 35 個貿易夥伴國家的樣本：阿根廷、澳洲、奧地利、比利時、盧森堡、巴西、加拿大、智利、丹麥、德國、印度、印度尼西亞、以色列、意大利、日本、韓國、馬來西亞、墨西哥、荷蘭、巴基斯坦、巴拿馬、菲律賓、俄國、沙烏地阿拉伯、新加坡、南非、西班牙、瑞典、瑞士、泰國、土耳其、阿拉伯聯合大公國、英國、美國和越南。數據是從 1980 年到 1994 年。在每個單獨的回歸方程式中，我們把因變量改為 LEX 和 LTM。回歸的結果如下：

1. 因變量：LIM

變量	系數	T- 統計數
常數 **	-15.47990	-11.5754
LGDPO**	0.77070	9.7577
LGDP**	0.76010	28.6785
LGDPPC**	0.27520	7.1970
LDIST	0.09234	0.8866
BORDER	0.10510	0.8588
EASIA**	1.01380	4.7621
APEC**	0.67430	3.5498
EU**	-0.52840	-5.8312
NAFTA**	-0.92570	-4.4140
LA**	-0.60090	-5.4273

觀察數：525

調整後的 R 次方 0.8255

F - 統計數 248.955 **

** 表示 1% 的重要程度

2. 因變量：LEX

變量	系數	T- 統計數
常數 **	-13.09950	-7.3129
LGDPO**	0.93000	8.7900
LGDP**	0.34120	9.6098
LGDPPC**	0.37680	7.3557
LDIST	-0.02869	-0.2056
BORDER**	0.83570	5.1007
EASIA**	0.77760	2.7268
APEC**	0.96030	3.7742
EU**	0.38110	3.1399
NAFTA	0.11700	0.4164
LA**	-0.39360	-2.6538

觀察數：525

調整後的 R 次方 0.6401

F - 統計數 94.196 **

** 表示 1% 的重要性

3. 因變量：LT

變量	系數	T- 統計數
常數 **	-12.38056	-9.6524
LGDPO**	0.87120	11.1177
LGDP**	0.49380	18.7807
LGDPPC**	0.34640	9.1306
LDIST	-0.02397	-0.2320
BORDER**	0.51090	4.2100
EASIA**	0.87120	4.1253
APEC**	0.75780	4.0218
EU	-0.07211	-0.8022
NAFTA*	-0.40070	-1.9260
LA	-0.16170	-1.4722

觀察數：525

調整後的 R 次方0.7665

F - 統計數 172.968 **

** 表示 1% 的重要性

* 　表示 5% 的重要性

　　我們對在省略虛變數的情況之下作了回歸演算。此外，我們也用 15 個國家貿易和進出口的平均值進行了回歸演算。為了節省篇幅，我們在此處不對結果進行介紹，但結論與上述相類似。

重要詞匯

1. **空洞化（hollowing out）** 為了減少高額的勞動力和土地成本，企業把它們的工廠從成本高的地區（如台灣）轉移到成本低的地區（如中國大陸），這可能會使成本高的地區的產業能力下降。

2. **收入效應（income effect）** 隨着收入的增加，對各類產品和勞務的需求也隨之上升。最終消費需求的增加帶動了對諸如船運、銀行業、保險和有關貿易服務等中間產品和勞務的需求。

3. **替代效應（substitution effect）** 由於一種產品和勞務價格的下降（如直接船運的成本下降），因此，相對其它替代品（如間接船運）的價格，對這種產品和勞務的需求上升。

4. **重力模型（gravity model）** 該模型認為一個地區的貿易流量取決於該地區的國民生產總值以及該地區貿易夥伴的國民生產總值（貿易夥伴的間接規模）、該地區與貿易夥伴在地理上的距離、該地區和其貿易夥伴的人均收入水平。

5. **大幅度轉變形態（substantial transformation）** 鑑定產品生產地的一般方法。如果一種在地區 A 的中間產品，被大幅度改變了形態，因此，被認為產地是地區 A 的產品，必須調整使用與之相適應的新關稅。

6. **赤字轉移（deficit shifting）** 由於要素從一個地區轉移到另一個地區（如從台港到大陸），使出口始發地區的貨物從另一地區的口岸出口（如大陸）。這就意味着進口國（如美國）的貿易赤字由對一個地區（如台港）轉移成對另一個地區的赤字（如中國大陸）。

7. **企業內部貿易（intra-firm trade）** 母公司和國外子公司之間的貿易。

8. **格蘭傑因果性（Granger casualty）** 經濟計量學中的一個方法，它認為假如 X 事件發生在 Y 事件之前，那麼 X 事件引起了 Y 事件。它可以幫助預測 Y 事件值。

9. **世界貿易組織（World Trade Organization）** 監督國際間貿易和投資準則執行的國際組織。它最主要的準則是非歧視（最惠國待遇）。世界貿易組織在烏拉圭回合協議之下產生的，並規定 10 年之後多邊紡織協議不再有效。

參考書目

Almanac of China's Foreign Relations and Trade, various issues.

Anderson, J. (1979), "A Theoretical Foundation of the Gravity Equation", *American Economic Review*, 69, 106-116.

Ash, R. and Y.Y. Kueh (1993),"Economic Integration within Greater China : Trade and Investment Flows between Mainland China, Hong Kong and Taiwan", mimeo, Lingna College, Hong Kong.

Asian Development Bank (1995), *Asian Development Outlook 1995 and 1996*, Oxford University Press.

Baldwin, R. and D. Nelson (1993), "The Political Economy of U.S.— Taiwanese Trade and Other International Economic Relations", in Ito and Krueger (ed.), *Trade and Protectionism*, Chicago, University of Chicago Press.

Bergsten, F. and M. Noland (ed.) （1993), *Pacific Dynamism and the International Economic System*, Institute for International Economics, Washington, D.C.

Bhagwati, J. (ed.) (1974), *Illegal Transactions in International Trade*, North Holland, Amsterdam.

Blomstrom, M., I. Kravis and R. Lipsey (1988), "Multinational Firms and Manufactured Exports from Developing Countries", NBER Working Paper #2493.

Chan Hing-lin (1994), "The Chinese Investment in Hong Kong : Issues and Problems", BRC Papers on China, Hong Kong Baptist College, Hong Kong.

Chang, C. (1994), "Corporations of the Hong Kong Stock Exchange and Their Subsidiaries in the People's Republic of China, 1993", Institute of Government Affairs, University of California-Davis.

Chang, R.F. and H.T. Shih (1989), "Mainland China's Investment Environment and the Potential Investment Ties Between the Two Sides of the Taiwan Strait", mimeo, Chung Hua Institution for Economic Research, Taipei (in Chinese).

Chao, W.C. (1990), "Is Taiwan Investment in the Mainland Complementary by Nature and Will It Cause a Hollowing in Taiwan's Industries?", mimeo, Taipei (in Chinese).

Chen, E. and T. Wong (1994), "Economic Synergy — A Study of Two-Way Foreign Direct Investment Flow between Hong Kong and Mainland China", mimeo, Centre of Asian Studies, University of Hong Kong, Hong Kong.

Cheng, L. (1995), Foreign Direct Investment in China, mimeo.

China Customs Statistics, General Administration of Customs of the People's Republic of China, various years.

China Foreign Economic Statistics, various years.

China Statistical Yearbook, various years.

Chinese Statistical Abstract, State Statistical Bureau, various years.

Chung-Hua Institution for Economic Research (1994), *A Comparative Study of Foreign Investments in Mainland China*, Taipei, Taiwan (in Chinese).

Council of Economic Advisers (1995), *Economic Report of the President*, United States Government, Washington, D.C.

Council of Economic Advises (1996), *Economic Report of the President*, U.S. Government, Washington, D.C.

Economist (1992), "A Survey of China", 28, November.

EIAJ (1994), *Trend of Electric Industry in China*, Tokyo (in Japanese).

Feenstra, R. (1995), "A Model of Business Group", paper presented to NBER Pre-conference on U.S. Trade Protection and Trade Promotion, Cambridge, Massachusetts.

Finger, Michael J. and K.C. Fung (1994a), "Will GATT Enforcement Control Antidumping?", *Journal of Economic Integration*, 9(2), 192-213.

Finger, Michael J. and K.C. Fung (1994b), "Can Competition Policy Control 301?", *Aussenwirtschaft*, 49, 379-416.

Finger, Michael J., K.C. Fung and Francis Ng (1996), "Unilateral Reformers and Uruguay Round Bargaining: Did They Get Their Due?", World Bank and University of California, Santa Cruz, mimeo.

Frankel, J. (1993), "Is Japan Creating a Yen Bloc in East Asia and the Pacific?", in J.A. Frankel and M. Kahler (ed.), Regionalism and

189

Rivalry: *Japan and the United States in Pacific Asia*, NBER Conference Volume, University of Chicago Press.

Friedman D. and K.C. Fung (1996), "International Trade and Internal Organization of Firms : An Evolutionary Approach", *Journal of International Economics*, forthcoming.

Fujian Tongji Nianjian (Fujian Statistical Yearbook）, Fujian, China, various years.

Fung, K.C. (1989), "Tariffs, Quotas, and International Oligopoly", *Oxford Economic Paper*s, 41, 749-757.

Fung, K.C. (1991), "Characteristics of Japanese Industrial Groups and Their Potential Impact on U.S.- Japanese Trade", in Robert Baldwin ed. *Empirical Studies of Commercisl Policy*, NBER Conference Volume, University of Chicago Press.

Fung, K.C. (1995), "Economic Effects of Trade and Investment Linkages Among Hong Kong, Mainland China and Taiwan", University of California-Santa Cruz, mimeo.

Fung, K.C. (1996a), "Accounting for Chinese Trade : Some National and Regional Considerations", in *Geography and Ownership As a Basis for Economic Accounting*, ed. R. Baldwin, R. Lipsey and J.D. Richardson, NBER Conference Volume, University of Chicago Press, forthcoming.

Fung, K.C. (1996b), "Mainland Chinese Investment in Hong Kong : How Much, Why and So What?", *Journal of Asian Business*, V. 12, No. 2, 21-39.

Fung, K.C. and H. Iizaka (1995), "U.S.- Japan Rivalry and China", paper presented at International Conference on Economic Development and Cooperation in the Pacific Basin, University of California-Berkeley, CA, June.

Fung, K.C. and Lawrence, J. Lau (1996), "The China-United States Bilateral Trade Balance : How Big Is It Really?", Occasional Paper, Asia/Pacific Research Center, Institute for International Studies, Stanford University, Stanford, CA, April.

Fung, K.C. and Francis Ng (1996), "Trade in Greater China", University of California-Santa Cruz, working paper #368.

Fung, K.C. and Lawrence J. Lau (1997), "China's Foreign Economic Relations", in *China Review 1997*, ed. by Y.Y. Kueh, Maurice Brosseau and W.K. Tse, Chinese University Press, Hong Kong, forthcoming.

General Agreement on Tariffs and Trade (1994), *Trade Policy Review Mechanism: Hong Kong*, Geneva.

Granger, C. (1969), "Investigating Casual Relations by Econometric Methods and Cross-Spectral Methods", *Econometrica* 34.

Guangdong Tongji Nianjian (Guangdong Statistical Yearbook), Guangdong, China, various years.

Hang Seng Bank （1993), "Foreign Direct Investment in Hong Kong — Trends and Prospects", Monthly Report, Hong Kong.

Helpman, E. and P. Krugman (1985), *Market Structure and Foreign Trade*, MIT Press, Cambridge, Mass.

Hill, H. (1988), *Foreign Investment and Industrialization in Indonesia*, Singapore, Oxford University Press.

Ho, Yin-Ping (1993), "China's Foreign Trade and the Reform of the Foreign Trade System", in Joseph Cheng Yu-Shek and Maurice Brosseau (ed.), *China Review 1993*, Chinese University Press, Hong Kong.

Hong Kong Chinese Enterprise Association (1992), Directory of Enterprise with PRC Capital in Hong Kong, Hong Kong.

Hong Kong Federation of Industries (1993), *Investment in China*, Industry and Research Division, Hong Kong.

Hong Kong Government Industry Department, *Survey of Overseas Investment in Hong Kong Manufacturing Sector*, various years, Hong Kong.

Hong Kong Trade Development Council (1994), "Hong Kong as a Trading Hub in Asia-Pacific", Research Department Topical Paper.

Hong Kong Government (1994), *First Quarter Economic Report 1994*, Hong Kong.

Hong Kong Government (1993), *1993 Economic Background*, Hong Kong.

Hong Kong Government (1995), *1995 Economic Background*, Hong Kong

Hong Kong Government, *Hong Kong External Trade*, Hong Kong, various years.

Hong Kong Government, *Review of Overseas Trade*, Hong Kong, various years.

Hong Kong Government, *Hong Kong Shipping Statistics*, Hong Kong, various years.

Howell, T., Nuechterlein, D.J. and S. Hester (1995), *Semi-conductors in China: Defining American Interests*, SIA and Dewey Ballantine, San Jose, C.A.

Hsueh, Tien-tung and Tun-oy Woo (1991), "The Changing Pattern of Hong Kong-China Economic Relations Since 1979 : Issues and Consequences", in E. Chen, M. Nyaw and T. Wong (ed.), *Industrial and Trade Development in Hong Kong,* University of Hong Kong, Hong Kong.

International Monetary Fund (1993), *World Economic Outlook*, Washington, D.C.

Ito, T. and A. Krueger (1993), *Trade and Protectionism*, NBER Conference Volume, University of Chicago Press.

Kan, C.Y. (1996), "Mainland-Funded Enterprises and the Hong Kong Economy", *City Economist*, City University of Hong Kong.

Kao, C. (1993a), "Economic Interaction between the Two Sides of the Taiwan Strait", Chung Hua Institution for Economic Research, Taipei, mimeo.

Kao, C. (1993b), "Economic Interdependence between Taipei and Mainland China", *Issue and Studies*, V. 29, No. 4.

Kao, C. (1993c), "A Study of the Economic Interactions among

(193)

Taiwan, Hong Kong, and Mainland China", mimeo, Chung Hua Institution for Economic Research, Taipei, Taiwan (in Chinese).

Kao, C. (1994), "An Investigation of the Relations of the Economic Interactions among Taiwan, Hong Kong and Mainland China", (in Chinese) Chung Hua Institution for Economic Research, Taipei, Taiwan.

Kao, C. (1995), "An Empirical Study of Indirect Trade between Taiwan and Mainland China", Chung-Hua Institution for Economic Research, Taipei, Taiwan (in Chinese).

Karp, J. (1993), "The New Insiders", *Far East Economic Review*, 27 May, 1993, pp. 62-68.

Krueger, A. (1995), "Customs Union versus Free Trade Area", mimeo, Stanford University.

Krugman, P. (1991), "The Move Toward Free Trade Zones", in *Policy Implications of Trade and Currency Zones*, Federal Reserve Bank of Kansas, Jackson Hole, Wyoming.

Lardy, N. (1992), "Chinese Foreign Trade", *The China Quarterly*, #131, September, p.691-720.

Lardy, N. (1994), *China in the World Economy*, Institute for International Economics, Washington, D.C.

Laroque, A. (1994), "Piercing Import Barriers", *China Business Review*, May-June.

Lau, L. (1993), "The Chinese Economy in the Twenty-First Century", Asia/Pacific Research Centre Working Paper Series No. 103,

Stanford University, Stanford, C.A,

Lau, L. (1996), "The Role of Government in Economic Development: Some Observations from the Experience of China, Hong Kong and Taiwan", in *The Role of Government Institutional Analysis*, ed. by M. Aoki, H-K Kim, and M. Okuno-Fujiwara, Oxford University Press.

Lee, J. (1995), "The Integration of the Labor Markets in the South China Growth Triangle", mimeo, Chung Hua Institution of Economic Research, Taipei, Taiwan.

Lin, Tzong-Biau, Linda Ng, and Chyau Tuan (1995), "The South China Growth Triangle : Integration of the Economies of South China, Hong Kong and Taiwan", Chinese University of Hong Kong, mimeo.

Liu, P.W., R.Y.C. Wong, Y.W. Sung and P.K. Lau (1992), *China's Economic Reform and Development Strategy of Pearl River Delta Research Report*, Nanyang Commercial Bank, Hong Kong.

Low, L., E. Ramstetter and H. Yeung（1995），"Accounting for Outward Direct Investment from Hong Kong and Singapore: Who Controls What?", paper presented to NBER Conference on Geography and Ownership as a Basis for Economic Accounting, Washington, D.C.

Maddala, G.S. (1988), *Introduction to Econometrics*, Macmillan Publishing Company, New York.

McKinnon, R. (1991), *The Order of Economic Liberalization*, second edition, Baltimore, Maryland, Johns Hopkins University Press.

Milgrom, P. and J. Roberts (1992), *Economics, Organization and Management*, Prentice-Hall, New Jersey.

Ming Pao, February 2, 1994.

Noland, M. (1990), *Pacific Basin Developing Countries: Prospects for the Future*, Institute for International Economics, Washington, D.C.

OECD (1993), "Economic Integration between Hong Kong, Taiwan and the Coastal Provinces of China", *OECD Economic Studies*, OECD, Paris.

Ou-Yang, C.S., T.J. Lin and W.S. Chou (1991), "Trade Warning Systems for Monitoring Taiwan-China Economic Inter-dependence and Its Applications", mimeo, Chung Hua Institution for Economic Research, Taipei, Taiwan (in Chinese).

Republic of China Ministry of Finance, Monthly Statistics of Exports and Imports, various issues.

Richardson, J.David (1993), *Sizing Up Export Disincentives*, Institute for International Economics, Washington, D.C.

Sender, H. (1993), "Cash Dispenser : Fast-moving Money Underpins Economy", *Far East Economic Review*, 144 (42): 26.

Shih, T.L. (1989), "The PRC's Hong Kong-based Conglomerates and Their Role in National Development", in Erdener Kaynak and Kam-Hon Lee (ed.), *Global Business: Asia-Pacific Dimensions*, London, Routledge.

South China Morning Post International Weekly, July 22, 1995.

South China Morning Post, March 19, 1994.

Statistical Survey of China, various issues.

Statistics on Overseas and Foreign Investment, Investment Commission, Republic of China, various issues.

Summers, L. (1992), "The Rise of China", *International Economic Insights*, May/June.

Sung, Yun-Wing (1995), "Hong Kong and the Economic Integration of the China Circle", mimeo, Chinese University of Hong Kong, Hong Kong.

Sung, Yun-Wing (1991), *The China-Hong Kong Connection*, Cambridge University Press.

Sung, Yun-Wing (1994), "Subregional Economic Integration : Hong Kong, Taiwan, South China and Beyond", paper presented to the 21st Pacific Trade and Development Conference, Hong Kong.

Sung, Yun-Wing, Pak-Wai Liu, Yue-Chim Richard Wong, Pui King Lau (1995), *The Fifth Dragon: The Emergence of the Pearl River Delta*, Addison Wesley, Singapore.

Taiwan Department of Statistics, Ministry of Finance, various issues.

U.S. Bureau of Census (1991), *U.S. Merchandise Trade: Related Party Imports from North American Trading Partners*, United States Government, Washington, D.C.

U.S. Bureau of Census, *U.S. Statistical Abstract*, United States Government, Washington, D.C., various years.

U.S. Central Intelligence Agency (1994), *China's Economy in 1993 and 1994*, United States Government, Washington, D.C.

U.S. Department of Commerce (1994), *The China Business Guide*, United States Government, Washington D.C.

U.S. Department of Commerce, *U.S. Direct Investment Abroad 1989 Benchmark Survey*, United States Government, Washington, D.C.

U.S. Department of Commerce, *Foreign Trade Highlights*, United States Government, Washington, D.C., various years.

Wall Street Journal, March 30, 1995.

Wang, Z.K. and L.Alan Winters (1991), "The Trading Potential of Eastern Europe", mimeo, University of Birmingham.

Wei, Shang-Jin and J. Frankel (1994), "A Greater China Trade Bloc?", *China Economic Review*, 5:2:179-190.

West, L. (1995), "Reconciling China's Trade Statistics", Bureau of the Census, mimeo.

Wong, C., C. Heady and W.T. Woo（1993), *Economic Reform and Fiscal Management in China*, Asian Development Bank, Manila.

Wong, T., E. Chen and M.K. Nyau (1991), "The Future of Industrial and Trade Development in the Asian Pacific: An Overview", in E.Chen, M.K. Nyau and T. Wong (ed.), *Industrial and Trade Development in Hong Kong*, University of Hong Kong, Hong Kong.

Wong, Y.C. R., P.W. Liu and A. Siu (1991), Inflation in Hong Kong:

Patterns, Causes and Policies, mimeo.

Wong, Y.C. R. (1995), "China's Economic Reform — The Next Step", *Contemporary Economic Policy*, January, 18-27.

World Bank (1985), *China's Long-Term Development Issues and Options*, Washington, D.C.

World Bank (1993), *China Updating Economic Memorandum: Managing Rapid Growth and Transition*, Washington, D.C.

World Bank (1994a), *China : Foreign Trade Reform*, Washington, D.C.

World Bank (1994b), *China: Internal Market Development and Regulations*, Washington, D.C.

WTO (1996), Annual Report Volume II, Geneva.

Yeh, S.H. and Y. Chow (1989), "The Impact of Our Commercial Activities with Mainland China on Our Industries and How to Deal with It", mimeo, Chung Hua Institution for Economic Research, Taipei, Taiwan.

Yen, T.T. (1991), "Taiwanese Investment in Mainland China and Its Impact on Taiwan's Industries", Taipei, mimeo.

索引

貿易與投資：中國大陸、香港、台灣 / 馮國釗
著；曹國琪譯. -- 臺灣初版. -- 臺北市：
臺灣商務，1997 [民86]
　　面　；　公分
參考書目：面
含索引
ISBN 957-05-1410-8（平裝）

1.經濟地理 - 亞洲

552.3　　　　　　　　　　　　　　86009081

貿易與投資：中國大陸、香港、台灣

定價新臺幣 280 元

原　著　者	馮　國　釗
中　譯　者	曹　國　琪
策　　　劃	廖　劍　雲
責 任 編 輯	鄧　昭／雷成敏
封 面 設 計	吳　郁　婷
發　行　人	郝　明　義
出　版　者 印　刷　所	臺灣商務印書館股份有限公司

臺北市重慶南路 1 段 37 號
電話：（02）3116118・3115538
傳眞：（02）3710274
郵政劃撥：0000165-1 號
出版事業
登 記 證：局版北市業字第 993 號

- 1997 年 4 月香港初版
- 1997 年 9 月臺灣初版第一次印刷

本書經商務印書館(香港)有限公司授權出版

版權所有・翻印必究

ISBN　957-05-1410-8　（平裝）　　　　b 76753010